武林秘传养生功

刘罡 著

北京体育大学出版社

策划编辑：吴海燕　曾　莉
责任编辑：曾　莉
责任校对：王泓滢
版式设计：高文函　张程凯

图书在版编目（CIP）数据

武林秘传养生功 / 刘罡著 . -- 北京 : 北京体育大学出版社 , 2024.3
ISBN 978-7-5644-3878-4

Ⅰ . ①武… Ⅱ . ①刘… Ⅲ . ①武术 – 养生 (中医) – 中国 Ⅳ . ① G852 ② R212

中国国家版本馆 CIP 数据核字 (2023) 第 163583 号

武林秘传养生功
WULIN MICHUAN YANGSHENGGONG
刘罡　著

出版发行：北京体育大学出版社
地　　址：北京市海淀区农大南路 1 号院 2 号楼 2 层办公 B-212
邮　　编：100084
网　　址：http: //cbs.bsu.edu.cn
发 行 部：010-62989320
邮 购 部：北京体育大学出版社读者服务部 010-62989432
印　　刷：河北盛世彩捷印刷有限公司
开　　本：710mm × 1000mm　1/16
成品尺寸：170mm × 240mm
印　　张：13
字　　数：155 千字
版　　次：2024 年 3 月第 1 版
印　　次：2024 年 3 月第 1 次印刷
定　　价：39.00 元

岳飞八段锦，是武林秘传的一种养生保健功。金倜庵《真本岳飞八段锦》载曰：“八段锦之法，创自岳武穆，盛传于北方，实为强健身体、锻炼筋骨之良法。与‘易筋经’有异曲同工之妙。”“一年而效乃大著，饮食骤增，身体大健。乃信其术之验，益勤习之，从此不复如前之孱弱多病矣。”

禅功五禽戏，是少林秘传的一种养生保健五禽戏。勤加修习，内可镇神定虑，养心安意，健肺益气；外可活骨利节，舒筋壮肌，增强力量。此功多动，但“动不离禅”，借鉴禅宗要旨，结合禅修秘诀，以禅功之“静义”指导五禽之“动形”，外动内静，内外兼修，保健身心。

少林强身罗汉功，取意十八罗汉，配合个性动作与呼吸吐纳，动作美观，练法独特。其内练吐纳，大补元气，充盈百脉；外练韧劲，舒筋顺气，导气贯力。本功内外相融，浑然一体，练之可除疲祛病，健脏康腑，强身壮体。

太极吐纳六字诀，即把吐纳气法与太极拳式巧妙地结合为一体，内外相融，内外兼修。太极拳动作柔和，舒缓轻松，连绵不断，练之可通关利节，活血理气，疏经通络，强筋壮骨。六字诀的六字发音，注重呼吸，吐故纳新，练之可补元益气，畅脉除滞。

道家坐功导引法，徐缓柔绵，运劲自然，方法简单，自习方便。导引，亦称“道引”，是我国一种古老的养生术，练之可调营卫。消水谷，除风邪，益血气，疗百病，延年寿。

目　录

第一章　秘传岳飞八段锦

第二章　秘传禅功五禽戏

第三章 少林强身罗汉功

第四章 太极吐纳六字诀

第五章 道家坐功导引法

第一章
秘传岳飞八段锦

据民国武术家金倜庵《真本岳飞八段锦》所述：“八段锦之法，创自岳武穆，盛传于北方，实为强健身体、锻炼筋骨之良法。与‘易筋经’有异曲同工之妙。”“一年而效乃大著，饮食骤增，身体大健。乃信其术之验，益勤习之，从此不复如前之孱弱多病矣。”

民国濂浦、铁崖编的《八段锦图解》也载有：“日行功一次，为时约四五分钟。一年以来，无或间断，诸病全消，体力渐壮。间或不慎，偶感风寒，则加功行之，不药自愈。行功之时，腹中鼓荡作响，声闻数武外，汗亦涔涔下。功毕，气舒神旺，怡然自得。”

编者根据古谱记载，结合自练体悟，今整理出来，献于同道。不当之处，多请指正为谢。

一

插地托天理三焦

【功效】

此段三盘均可练到，可清三焦郁热。

【练法】

1. 两脚并步，正身直立，两掌垂于体侧，呼吸自然。目视前方。（图1–1）

2. 左脚向左横跨一步，两腿屈膝蹲成马步；同时，两掌握拳，向下斜插于两膝后，拳面向下，拳心向后。目视前方。（图1–2）

图1–1

图1–2

3. 两拳松开变掌，屈肘向前、向上提起，至与额平，掌心向前，指尖相对。目视前方。（图1–3）

4. 两掌向前下按于地，指尖相对；向下俯身，两腿伸直。目光下视。（图1–4）

图1-3

图1-4

5. 上身缓缓立起，还原马步；两掌屈指握拳，向上提起，拳心向下，拳面相对，两腕挺起，两臂向下伸开。目视前方。（图1-5）

6. 保持马步，屈肘，两拳向上提起，至与胸齐，拳面仍相对，拳心向下，两肘平肩。（图1-6）

图1-5

图1-6

7. 保持马步，两拳伸开成掌，掌心向下，指尖相对。（图1–7）

8. 保持马步，两掌翻转，用力向上托起，如托重物，掌心向上，指尖斜相对。头向上仰，目视指尖。（图1–8）

9. 保持马步，两掌握拳向外落下，斜插于两膝后，拳面向下，拳心向后。目视前方。（图1–9）

图1–7

图1–8

图1–9

两手开弓射大雕

二

【功效】

开弓之式，可增强手臂力量，并可开胸顺气，灵活颈项，提高视力。

【练法】

1. 承接上式。两拳上提，右拳置于左肩前，屈肘当胸，拳背向前，拳眼向上；同时，左拳斜举于左肩前，拳背向外，拳眼向上，左肘微屈。头左转，目视左拳。（图1–10）

2. 左拳向左斜上方伸推而出，至左臂挺直，拳面斜向上；右拳右拉至右肩前，右肘力向后逼，约与肩平。目视左拳。（图1–11）

图1–10

图1–11

3. 左臂挺直，右臂拉足。头缓缓右转，目视右方。（图1–12）

4. 两拳下落，斜插于两膝后。头缓缓左转，目视前方（图1–13）

5. 接练右开弓式。（图1–14至图1–17）

《 图1-12

》 图1-13

《 图1-14

》 图1-15

《 图1-16

》 图1-17

调理脾胃单推撑

三

【功效】

此段上体俯仰，使胸廓开展，脾胃翕张，可清理脾胃垢热。

【练法】

1. 承接上式。两拳上提，右拳贴腰，拳眼向外，拳心向上；左拳向右伸出，约与肩平，拳面向前，拳眼向上，上身偏右。目视左拳。（图1–18）

2. 左拳直臂下压，斜伸撑地于右脚前，拳心向内；两腿挺直。目视右下方。（图1–19）

图1–18

图1–19

3. 左拳从右向左划转，至左脚外侧。头、体相随，目视左下方。（图1–20）

4. 上体徐徐立起，屈膝半蹲成马步；同时，左拳变掌，屈置左耳侧，掌心向上，指尖向后；右拳变掌，翻转向下，按于腰间。目视左前上方。（图1–21）

« 图1–20

» 图1–21

5. 左掌用力缓缓向左上方斜推撑出，以臂直为度，指尖向上，掌心向外；同时，右掌用力缓缓稍向外按。目视左掌。（图1–22）

6. 两掌下落变拳，斜插于两膝后，拳面向下，拳心向后。头随身动，目视前方。（图1–23）

« 图1–22

» 图1–23

7. 接练右式。（图1–24至图1–29）

« 图1–24

» 图1–25

« 图1–26

» 图1–27

« 图1–28

» 图1–29

四

养治劳伤向后瞧

【功效】

此段重视练腰。拗身转腰，可伸舒腰肾，调理内部。目视后下方，可清相火，去邪浊。

【练法】

1. 承接上式。两拳上提至胸前，两臂十字交叉，左臂在外，右臂在内，拳眼斜向上，拳心皆向内。（图1–30）

2. 两腿缓缓伸开，上身拗向左面；同时，两拳变掌，两臂外分，右掌向左上提，左掌向左后方下按。头向左后方旋转，目视左后下方。（图1–31）

3. 身体右转，面向正前，回为马步；同时，两臂十字交叉于胸，右臂在外，左臂在内。目视前方。（图1–32）

图1–30

图1–31

图1–32

4. 接练右转后瞧。（图1–33）

5. 向左转正，向下沉身，回为马步；两掌变拳，拳面向下，拳心向后，斜插于两膝后。目视前方。（图1–34）

图1–33

图1–34

五 握固瞪睛增拳劲

【功效】

此段可增长拳劲。

目光怒视，如临大敌，可凝神摄气，强固全身。

【练法】

1. 承接上式。两手握拳，收抱腰间，拳心向上，肘尖向后（不能分向两旁）。头略上昂，瞪睛怒目。然后两拳用力紧紧握固，两肘后顶助力。坚持数秒，放松两拳。（图1–35）

此法可反复练习，对增长拳劲作用很大。

2. 两拳放下，拳心向后，斜插于两膝后。目视前方。（图1–36）

图1-35

图1-36

六 攀趾摇摆强肾腰

【功效】

此段为练腰肾妙法。摇头摆尾，俯身攀足，可使全身筋络血脉开展舒适。左右互行，均力无偏。

【练法】

1. 承接上式。先将两拳上提至胸侧，拳面相对，拳心向下；同时，两脚内收，间距约同肩宽，立起上身，两腿伸直。目视前方。（图1-37）

2. 上体向前下俯，两拳变掌下攀脚尖。（图1-38）

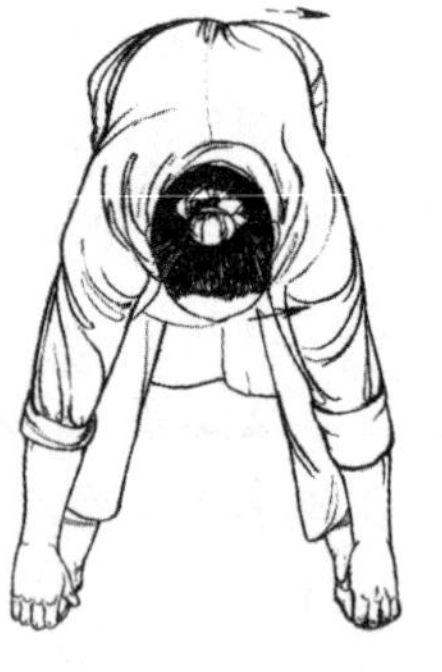

图1-37

图1-38

3. 头向左摇，臂向左摆。（图1–39）

4. 头向右摇，臂向右摆。（图1–40）

5. 左右反复练习，然后变马步；两掌变拳，斜插于两膝后。目视前方。（图1–41）

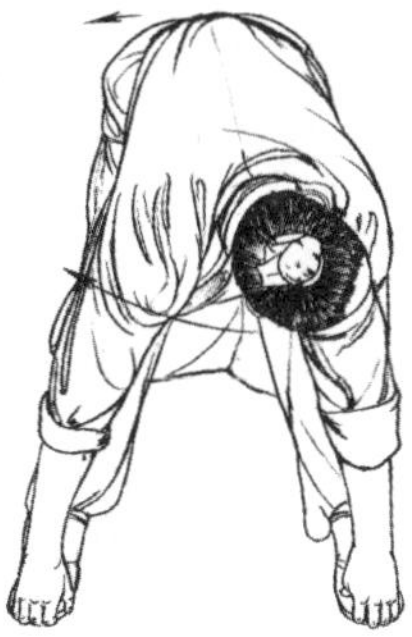

图1–39

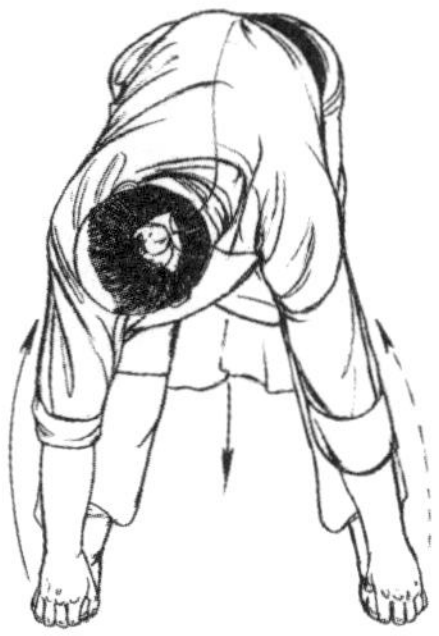

图1–40

图1–41

七

扳脚独立去心火

【功效】

此段一腿独立，可镇中持平，人得中平之道，心火自去。心火既去，则心平气和，百病不生，一切邪魔自远。

【练法】

1. 承接上式。左脚内收，两脚并步，正身直立；两拳变掌，垂于体侧。目视前方。（图1–42）

2. 重心移于右腿，左腿缓缓屈膝提起；两手向前抱住左脚。（图1–43）

图1–42

图1–43

3. 左腿缓缓向前蹬开，以腿直为度；两臂直举于前，抱脚内扳助力。定式后，坚持数秒。可反复练习。（图1–44）

图1-44

4. 松开两手，与左腿一起放下。然后练习右腿。（图1-45至图1-47）

图1-45

图1-46

图1-47

5. 松开两手，放下右脚，蹲成马步；两手成拳，斜插于两膝后。目视前方。（图1-48）

图1-48

俯仰踮翘百病消

八

【功效】

此段最难，但功效显著。练时全身血脉、经络、内脏等，均受良性刺激，使之活泼灵动，可活血化瘀，消祛百病。

【练法】

1. 承接上式。两拳变掌，上提至胸前，掌心向上，指尖相对。（图1–49）

2. 两掌翻转向前推出，两臂伸直，指尖相对；同时，两脚跟提起，前脚掌撑地，身向前俯。目视前方。（图1–50）

图1–49

图1–50

3. 身向后仰，两脚跟落地，使脚尖上翘，上身即略后倾；同时，两掌外旋后收，屈指握拳，用力拉引，置于腰间，拳心向上，两肘紧合，用力后顶。目视前方。（图1–51）

4. 两拳变掌向前推出；两脚尖落地，脚跟抬起（参见图1–50）。如是一俯一仰，反复练习。

5. 放下两拳，斜插于两膝后；意守丹田，深呼吸数次。目视前方。（图1–52）

6. 左脚内收，两脚并步，正身直立，目视前方；同时，两拳变掌，垂于体侧。放松全身，本功收势。（图1–53）

图1–51

图1–52

图1–53

第二章

秘传禅功五禽戏

禅功五禽戏，是少林秘传的一种养生保健五禽戏。勤加修习，内可镇神定虑，养心安意，健肺益气；外可活骨利节，舒筋壮肌，增强力量。

此功多动，但“动不离禅”，借鉴禅宗要旨，结合禅修秘诀，以禅功之“静义”指导五禽之“动形”，外动内静，内外兼修，保健身心。练习之时，要心定神闲，周身舒松，徐缓柔绵，运劲自然。

此功采用自然调息法，即气息任由身体自我调节。呼吸时不要刻意调息，故使深长，或胡吸乱呼，如果因此导致气法散乱，血脉偾张，反而不利于养生。

一 虎举乾坤

【练法】

1. 两脚并步站立，两手垂于体侧。目视前方。（图2–1）

2. 左脚向左平开一步，两脚间距约同肩宽，两膝放松。目视前方。（图2–2）

图2–1

图2–2

3. 两掌向前、向上平托抱起，置于胸侧，指尖斜向前，掌心斜向上，两臂屈肘。目视前下方。（图2-3）

4. 两掌成“虎爪”（五指分开，弯曲内扣，虎口撑圆），向内翻转，下按至两胯前，虎口相对，两臂伸直。低头，目视两爪。（图2-4）

图2-3

图2-4

5. 两爪握拳外旋，上提至两肩前，拳心相对，拳面向上。目视下方。（图2–5）

6. 两拳变爪，向上挺举，爪心向上，虎口相对，两臂撑展，拔长身躯。仰面，目视上方。（图2–6）

图2–5

图2–6

7. 两爪握拳，屈肘下拉，拳心相对，拳面向上。目视两拳。（图2–7）

8. 两拳继续下拉，至肩前时变掌，掌心向下，指尖相对。目视两掌。（图2–8）

图2–7

图2–8

9. 两掌下按，置于腹侧。瞪目前视。（图2–9）

10. 两掌放松，下垂体侧。目视前方。（图2–10）

图2–9

图2–10

白猿提勾

【练法】

1. 两掌上提至胯前，撑指坐腕，指尖向前。低头含颌，目视两掌。（图2-11）

2. 两掌屈腕，撮指成“猿勾”（五指指腹捏拢），勾尖向内。目视两勾手。（图2-12）

图2-11

图2-12

3. 两勾手上提至胸前，两肩上耸，收腹提臀；同时，两脚跟提起。头向左转，目视左侧。（图2-13）

4. 头部转正，两肩下沉，两脚跟落地；同时，两勾手变掌，指尖相对，掌心向下，两肘外提。目视前方。（图2-14）

图2-13

图2-14

5. 两掌下按，落于体侧。目视前方。（图2–15）

6. 两掌上提至胯前，撑指坐腕，指尖向前，掌心向下。低头含颌，目视两掌。（图2–16）

图2–15

图2–16

7. 两掌屈腕，撮指成“猿勾”，勾尖向内。目视两勾手。（图2–17）

8. 两勾手上提至胸前，两肩上耸，收腹提臀；同时，两脚跟提起。头向右转，目视右侧。（图2–18）

图2–17

图2–18

9. 头部转正，两肩下沉，两脚跟落地；同时，两勾手变掌，指尖相对，掌心向下，两肘外提。目视前方。（图2–19）

10. 两掌下按，落于体侧。目视前方。（图2–20）

图2–19

图2–20

三

熊运阴阳

【练法】

1. 两手握成“熊掌”（五指弯曲，拇指压在食指指端上，其余四指并拢弯曲，不需握紧，虎口撑圆，手心虚空），虎口相对，垂于下腹。头部略低，目视两掌。（图2–21）

图2–21

2. 以腰腹为轴，上体以顺时针方向摇晃；同时，两掌沿右肋、上腹、左肋、下腹的顺序画圈。目随上体摇晃环视。（图2–22至图2–25）

图2-22

图2-23

图2-24

图2-25

3. 接着，以腰腹为轴，上体以逆时针方向摇晃；同时，两掌沿左肋、上腹、右肋、下腹的顺序画圈。目随上体摇晃环视。（图2-26至图2-29）

4. 两“熊掌”变掌，下垂体侧。目视前方。（图2-30）

« 图2-26

» 图2-27

« 图2-28

» 图2-29

图2-30

四

仙鹤伸展

【练法】

1. 两膝稍屈；两掌相叠于腹前，左掌心按于右掌背，两掌心向下，指尖斜向前下。目视左掌。（图2-31）

图2-31

2. 两掌相叠一起上举，至头前上方，掌心向下，指尖斜向前下方；两膝稍起，身体微前倾，提肩、缩项、挺胸、塌腰。目视前方。（图2-32）

3. 两膝稍屈；同时，两掌相叠，下按腹前。目视左掌。（图2-33）

图2-32

图2-33

4. 重心右移，右腿蹬直，左腿向后抬起；同时，两掌左右分开，变为“鹤翅”（五指伸开，拇指、食指、小指向上稍翘，无名指、中指并拢向下），向侧后方摆起，掌背向上，抬头，伸颈，挺胸，塌腰。目视前方。（图2–34）

图2–34

5. 左脚落步，两脚平行，约同肩宽，两膝稍屈；同时，两“鹤翅”变掌，相叠于腹前，左掌在上。目视左掌。（图2–35）

6. 两掌相叠一起上举，至头前上方，掌心向下，指尖斜向前下方；两膝稍起，身体微前倾，提肩，缩项，挺胸，塌腰。目视前方。（图2–36）

图2–35

图2–36

7. 两膝稍屈；同时，两掌相叠，下按腹前。目视左掌。（图2-37）

8. 重心左移，左腿蹬直，右腿向后抬起；同时，两掌左右分开，变为“鹤翅”，向侧后方摆起，掌背向上，抬头，伸颈，挺胸，塌腰。目视前方。（图2-38）

图2-37

图2-38

9. 右脚落地，两脚开立，约同肩宽；两“鹤翅”变掌，垂于体侧。目视前方。（图2–39）

图2–39

五　雄鹿抵角

【练法】

1. 身体右转，两掌握空心拳，两臂向右侧摆起，拳心向下；两腿微屈，重心移至右腿，左脚向前提起，脚跟稍离地，脚尖上翘。目随手动，注视右拳。（图2–40）

2. 右拳上摆，高与肩平；左拳随之摆起，置于右肘侧下；左脚跟向前落地（脚尖仍上翘）。目视右拳。（图2–41）

3. 重心前移，身体左转，左腿屈膝，左脚尖外展踏实；同时，两手成“鹿角”（拇指伸直外张，食指、小指伸直，中指、无名指弯曲内扣），沿向上、向左、向后的曲线画弧，手心向外，指尖向后，左臂弯曲外展，肘部抵靠左腰侧；右臂举至头前上方，向左后方伸抵，手心向外，指尖向后。目视右脚跟。（图2–42）

图2-40

图2-41

图2-42

4. 身体右转，左脚收回，两脚开步站立；同时，两“鹿角”沿向上、向右、向下的曲线画弧，后变空心拳下落体侧。目视前下方。（图2-43）

5. 身体稍左转，右脚提起向前落地，脚尖微上翘；同时，两臂向左侧摆起，左拳高与肩平，拳心向下，右拳置于左肘侧下。目随手动，注视左拳。（图2-44）

图2-43

图2-44

6. 重心前移，身体右转，右腿屈膝，右脚尖外展踏实；同时，两手成“鹿角”，沿向上、向右、向后的曲线画弧，手心向外，指尖向后，右臂弯曲外展，肘部抵靠右腰侧；左臂举至头前上方，向右后方伸抵，手心向外，指尖向后。目视左脚跟。（图2-45）

7. 身体左转，右脚收回，两脚开步站立；同时，两“鹿角”沿向上、向左、向下的曲线画弧，后变空心拳下落体侧。目视前下方。（图2-46）

图2-45

图2-46

8. 两拳伸指成掌，垂放体侧。目视前方。（图2-47）

图2-47

六 猛虎扑食

【练法】

1. 两手握空心拳，上提至两肩前下方，拳眼向内。目视前方。（图2-48）

2. 两手向下、向前画弧，十指弯曲成“虎爪”，爪心向下；同时，上体前俯，挺胸塌腰。头部略抬，目视前方。（图2-49）

3. 两腿屈膝，下蹲成马步，收腹含胸；同时，两爪下按于两膝前。目视前下方。（图2-50）

图2-48

图2-49

图2-50

4. 两腿伸膝，送髋，向前挺腹（上体后仰）；同时，两爪握成空心拳，上提至胸侧。目视前上方。（图2–51）

5. 正起上身，右腿独立，左腿屈膝提起；两拳上举于头顶侧前方，拳心向下，屈肘，上臂平肩。目视前方。（图2–52）

图2–51

图2–52

6. 左脚向前迈步，脚跟着地；右腿屈膝下蹲，成左虚步；同时，上体前倾，两拳变“虎爪”向前、向下、向外扑至两胯外侧，爪心向下。目视前下方。（图2-53）

7. 随后，上体抬起，左脚收回，两脚开步站立；两爪变掌，下落体侧。目视前方。（图2-54）

图2-53

图2-54

8. 两手握空心拳，上提至两肩前下方，拳眼向内。目视前方。（图2–55）

9. 两手向下、向前画弧，十指弯曲成“虎爪”，爪心向下；同时，上体前俯，挺胸塌腰。头部略抬，目视前方。（图2–56）

图2–55

图2–56

10. 两腿屈膝，下蹲成马步，收腹含胸；同时，两爪下按于两膝前。目视前下方。（图2–57）

11. 两腿伸膝，送髋，向前挺腹（上体后仰）；同时，两爪握成空心拳，上提至胸侧。目视前上方。（图2–58）

图2–57

图2–58

12. 正起上身，左腿独立，右腿屈膝提起；两拳上举于头顶侧前方，拳心向下，屈肘，上臂平肩。目视前方。（图2–59）

13. 右脚向前迈步，脚跟着地；左腿屈膝下蹲，成右虚步；同时，上体前倾，两拳变“虎爪”向前、向下、向外扑至两胯外侧，爪心向下。目视前下方。（图2–60）

图2–59

图2–60

14. 随后，上体抬起，右脚收回，两脚开步站立；两爪变掌，下落体侧。目视前方。（图2–61）

图2–61

七

白猿摘桃

【练法】

1. 左脚向左后方退一步，前脚掌点地；右腿屈膝，重心落于右腿；同时，左臂屈肘，左掌变“猿勾”收至左腰侧；右掌向右前方摆起，约与胯平，掌心向下。目视右掌。（图2–62）

2. 身体重心后移，左脚掌踏实，屈膝下蹲；右脚收于左脚内侧，脚尖点地，成右丁步；同时，右掌向下经腹前向左上方画弧至头左侧，掌心对向左额角，指尖向上，约与眉齐。双目先随右掌移动，再转头注视右前方。（图2–63）

3. 右掌内旋使掌心向下，下按至左胯前方。头略向左下方转，目视右掌。（图2–64）

图2-62

图2-63

图2-64

4. 右脚向右前方迈出一大步；左腿蹬伸，左脚尖点地；同时，右掌经体前向右上方画弧，举至右后方变“猿勾”，约与肩平；左手向前、向上伸举，屈腕撮指为“猿勾”，约与头平，成采摘状。头略上仰，目视左手。（图2–65）

5. 身体重心后移，左手由“撮勾”变“握固”（拇指屈于掌心，指尖按于无名指根节处，其余四指屈握于拇指上）；右手由“猿勾”变掌，回落右大腿前，虎口向前，指尖向下。目视左手。（图2–66）

图2–65

图2–66

6. 左腿屈膝下蹲；右脚收至左脚内侧，脚尖点地，成右丁步；同时，左臂屈肘，左手变掌收至左耳外侧，掌指分开，掌心向上，成托掌状；右掌经体前向左画弧，至左肘下捧托。目视左掌。（图2–67）

7. 右脚向右后方退一步，前脚掌点地；左腿屈膝，重心落于左腿；同时，右臂屈肘，右掌变“猿勾”收至右腰侧；左掌向左前方摆起，约与胯平，掌心向下。目视左掌。（图2–68）

图2–67

图2–68

8. 身体重心后移，右脚掌踏实，屈膝下蹲；左脚收于右脚内侧，脚尖点地，成左丁步；同时，左掌向下经腹前向右上方画弧至头右侧，掌心对向右额角，指尖向上，约与眉齐。双目先随左掌移动，再转头注视左前方。（图2–69）

9. 左掌内旋使掌心向下，下按至右胯前方。头略向右下方转，目视左掌。（图2–70）

图2–69

图2–70

10. 左脚向左前方迈出一大步；右腿蹬伸，右脚尖点地；同时，左掌经体前向左上方画弧，举至左后方变“猿勾”，约与肩平；右手向前、向上伸举，屈腕为“撮勾”，约与头平，成采摘状。头略上仰，目视右手。（图2-71）

11. 身体重心后移，右手由“撮勾”变“握固”；左手由“猿勾”变掌，回落于左大腿前，虎口向前，指尖向下。目视右手。（图2-72）

图2-71

图2-72

12. 右腿屈膝下蹲；左脚收至右脚内侧，脚尖点地，成左丁步；同时，右臂屈肘，右手变掌收至右耳外侧，掌指分开，掌心向上，成托掌状；左掌经体前向右画弧，至右肘下捧托。目视右掌。（图2-73）

13. 左脚向左横开一步，两腿开立，与肩同宽；同时，两掌下落，垂于体侧。目视前方。（图2-74）

图2-73

图2-74

八 黑熊晃膀

【练法】

1. 身体重心右移，左髋上提，牵动左脚离地，再微屈左膝抬起；两掌握成“熊掌”。目视左前下方。（图2–75）

2. 身体重心前移，左脚向左前方落地，全脚掌踏实，脚尖向前；同时，身体右转，左臂内旋前靠，左手摆至左膝前上方，手心向左；右手摆至胯后，手心向后。头略转动，目视左前方。（图2–76）

图2–75

图2–76

3. 身体左转，重心后坐，右腿屈膝，左腿伸直；拧腰晃肩，带动两臂前后画弧摆动。右手摆至左膝前上方，手心向右；左手摆至胯后，手心向后。目视左前方。（图2–77）

4. 身体右转，重心前移，左腿屈膝，右腿伸直；同时，左臂内旋前靠，左手摆至左膝前上方，手心向左；右手摆至胯后，手心向后。目视左前方。（图2–78）

图2–77

图2–78

5. 身体重心左移，右髋上提，牵动右脚离地，再微屈右膝抬起；两掌握成“熊掌”。目视右前下方。（图2–79）

6. 身体重心前移，右脚向右前方落地，全脚掌踏实，脚尖向前；同时，身体左转，右臂内旋前靠，右手摆至右膝前上方，手心向右；左手摆至胯后，手心向后。头略转动，目视右前方。（图2–80）

图2–79

图2–80

7. 身体右转，重心后坐，左腿屈膝，右腿伸直；拧腰晃肩，带动两臂前后画弧摆动。左手摆至右膝前上方，手心向左；右手摆至胯后，手心向后。目视右前方。（图2-81）

8. 身体左转，重心前移，右腿屈膝，左腿伸直；同时，右臂内旋前靠，右手摆至右膝前上方，手心向右；左手摆至胯后，手心向后。目视右前方。（图2-82）

图2-81

图2-82

9. 左脚上步，两脚开步站立；同时，两手变掌，垂于体侧。目视前方。（图2-83）

图2-83

九 仙鹤飞翔

【练法】

1. 两脚开立，两掌向身体侧前方举起，约同胸高，掌心向上，两肘稍屈。目视前方。（图2-84）

2. 两腿微微屈膝；两掌向下合托腹前，掌心向上，指尖相对。目视前方。（图2-85）

3. 右腿伸直独立；左腿屈膝提起，脚尖下垂；同时，两掌成“鹤翅”，两臂成展翅状，于体侧向上平举，稍高于肩，掌心向下。目视前方。（图2-86）

图2-84

图2-85

图2-86

4. 左脚向前下落，脚尖点地，两腿微屈成左虚步；同时，两掌合托腹前，指尖相对。目视前下方。（图2-87）

5. 右腿伸直独立；左腿屈膝提起，脚尖下垂；同时，两掌经体侧上举，至头顶上方，两臂尽量伸展，掌背相对，指尖向上。目视前方。（图2-88）

图2-87

图2-88

6. 左脚下落，两脚开步站立，两脚间距略宽于肩，两腿微微屈膝；同时，两掌合托腹前，指尖相对。目视前下方。（图2-89）

7. 左腿伸直独立；右腿屈膝提起，脚尖下垂；同时，两掌成“鹤翅”，两臂成展翅状，于体侧向上平举，稍高于肩，掌心向下。目视前方。（图2-90）

图2-89

图2-90

8. 右脚向前下落，脚尖点地，两腿微屈成右虚步；同时，两掌合托腹前，指尖相对。目视前下方。（图2-91）

9. 左腿伸直独立；右腿屈膝提起，脚尖下垂；同时，两掌经体侧上举，至头顶上方，两臂尽量伸展，掌背相对，指尖向上。目视前方。（图2-92）

图2-91

图2-92

10. 右脚下落，两脚开步站立，两脚间距略宽于肩，两腿微微屈膝；同时，两掌合托腹前，指尖相对。目视前下方。（图2–93）

11. 伸膝立身；两掌向身体侧前方举起，约同胸高，掌心向上，两肘稍屈。目视前方。（图2–94）

图2–93

图2–94

12. 两掌内合下按，垂于体侧。目视前方。（图2–95）

图2–95

十

雄鹿奔春

【练法】

1. 左脚前跨一步，左腿屈膝，右腿伸直成左弓步；同时，两手握空心拳，向上、向前画弧至体前，高与肩平，向下屈腕，拳心向下。目视前方。（图2–96）

2. 身体重心后移，左膝伸直，全脚掌着地；右腿屈膝；低头，弓背，收腹；同时，两臂内旋，两拳前伸，拳背相对，两拳变为“鹿角”。（图2–97）

图2-96

图2-97

3. 身体重心前移，上体挺起，右腿伸直，左腿屈膝，成左弓步；松肩沉肘，两臂外旋，“鹿角”变空心拳，高与肩平，拳心向下。目视前方。（图2–98）

4. 小换步，左脚收回至前脚掌着地时，右脚跟提起；两手空心拳下落于大腿两侧，然后上提至肋侧。目视前方。（图2–99、图2–100）

图2–98

图2–99

图2–100

5. 右脚前跨一步，右腿屈膝，左腿伸直成右弓步；同时，两手握空心拳，向上、向前画弧至体前，高与肩平，向下屈腕，拳心向下。目视前方。（图2–101）

6. 身体重心后移，右膝伸直，全脚掌着地；左腿屈膝；低头，弓背，收腹；同时，两臂内旋，两拳前伸，拳背相对，两拳变为“鹿角”。（图2–102）

图2–101

图2–102

7. 身体重心前移，上体挺起，左腿伸直，右腿屈膝，成右弓步；松肩沉肘，两臂外旋，“鹿角”变空心拳，高与肩平，拳心向下。目视前方。（图2–103）

8. 右脚收回，两脚开步站立，间距约同肩宽；两拳变掌，回落体侧。目视前方。（图2–104）

图2–103

图2–104

9. 两掌向身体侧前方举起，约同胸高，掌心向上，两肘稍屈。目视前方。（图2–105）

10. 两掌内合，下按腹前，指尖相对，掌心向下。目视前方。（图2–106）

图2–105

图2–106

11. 两掌放下，垂于体侧。目视前方。（图2–107）

12. 左脚内收，两脚并步，正身直立。目视前方。调匀呼吸，本功收式。（图2–108）

图2–107

图2–108

第三章

少林强身罗汉功

少林强身罗汉功，取意十八罗汉，配合个性动作与呼吸吐纳，是一套非常优秀的武术养生功。

本功共18式，动作美观，练法独特。内练吐纳，大补元气，充盈百脉；外练韧劲，舒筋顺气，导气贯力。

本功内外相融，浑然一体，练之可除疲祛病，健脏康腑，强身壮体。

一

罗汉开弓式

【练法】

1. 正身站立，两脚跟靠拢，两脚尖外摆；两手垂于体侧，呼吸自然。目视前方。（图3–1）

2. 左脚向左横开一步，两脚间距比肩略宽。目视前方。（图3–2）

图3–1

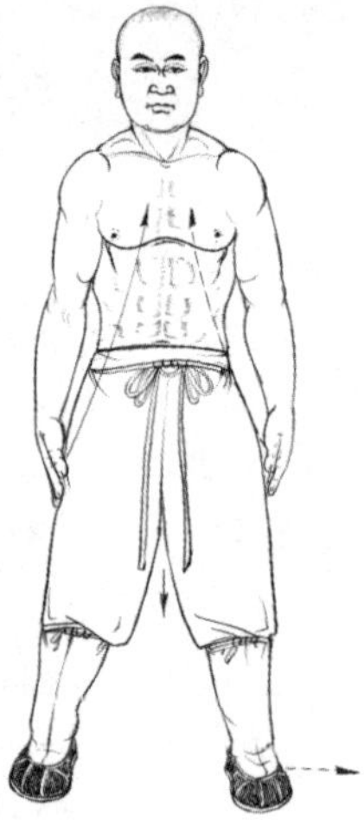

图3–2

3. 左脚外移半步，两腿屈膝半蹲成马步；同时，两掌握拳，屈臂上提至胸前，拳心向下，拳面相对，两肘抬平。目视前方。（图3–3）

4. 重心移于左腿，身稍左转，左臂屈肘后拉至左拳在左肩前，拳心向下，拳面向前；同时，右拳向右前方伸撑而出，约与额平，拳心向下，拳面向前。两拳右撑左拉，形如开弓，此为右式。目视右前方。（图3–4）

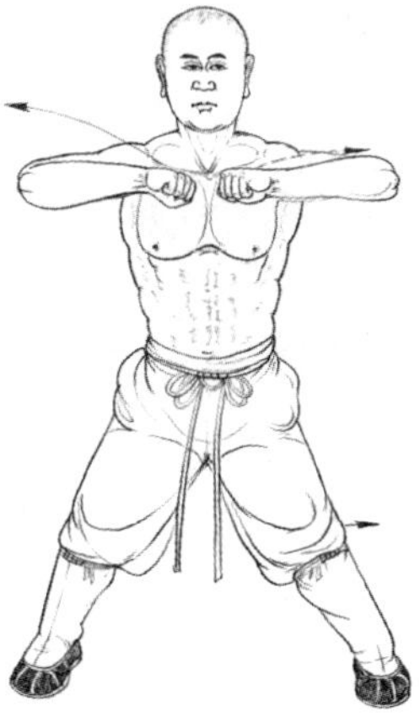

图3–3

图3–4

5. 然后，前撑左拳，后拉右拳，要领与上动作相同，唯方向相反。（图略）

如此练习连续12次（左右各6次），也可自定次数。

6. 然后，身形回正，将双拳收至胸前，两臂屈肘抬平，拳心向下，拳面相对。目视前方。（图3–5）

7. 两拳松开，垂放体侧；同时，左脚内收，两脚跟靠拢，两脚尖外摆，正身站立；全身放松，调匀呼吸。目视前方。（图3–6）

图3–5

图3–6

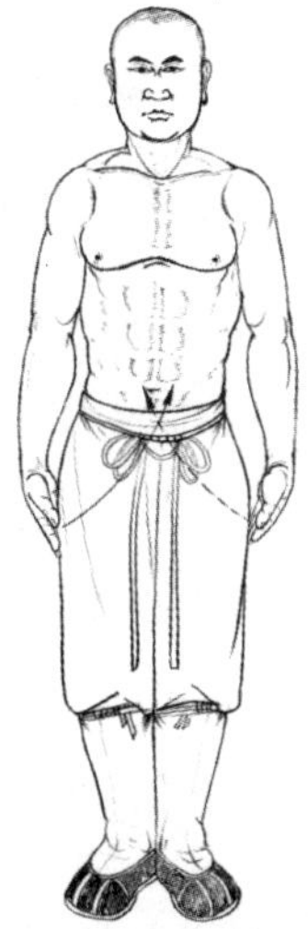

二 罗汉拜佛式

【练法】

1. 承接上式。两脚尖内收相并；两手十指交叉，上提至脐前，掌心向内。目视前方。（图3–7）

2. 翻转双掌，伸臂托举至头顶上方，掌心向上。目视前方。（图3–8）

图3–7

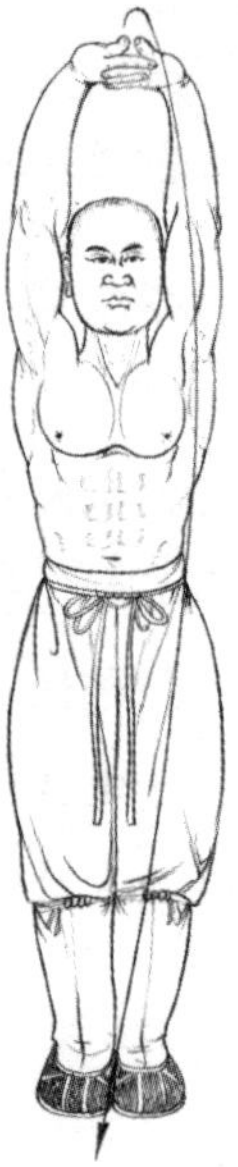

图3–8

3. 两腿挺直，身向下俯；同时，双掌下按于两脚之前。目视掌背。（图3–9）

4. 上体立起；两掌握拳，上提至心口，拳面相对，拳心向下。目视前方。（图3–10）

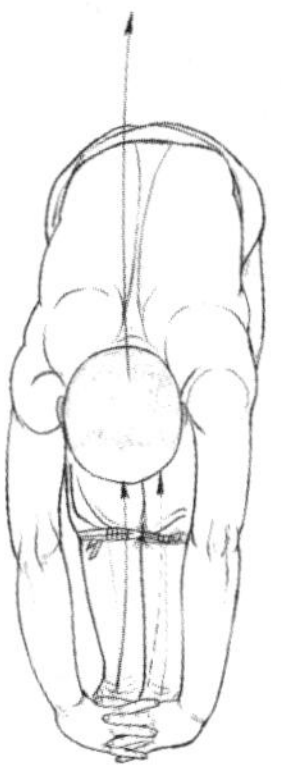

« 图3-9

» 图3-10

罗汉推托式

【练法】

1. 承接上式。左脚向左横开一步，两腿屈膝半蹲成马步；同时，两拳变掌，下收腰侧，掌心向上，拇指向外。目视前方。（图3-11）

图3-11

2. 左掌翻转向头顶上方托架，掌心向上，指尖向右，左臂稍屈；同时，右掌向右前上方推出，虎口向下，指尖向左，掌背对脸。目视右掌。（图3–12）

3. 两掌用力屈指，抓握成拳（握固），右拳眼向上，拳面向前；左拳眼向下，拳面向右。目视右拳。（图3–13）

4. 然后，两拳放松，伸指成掌，收抱腰间，掌心向上，拇指向外。目视前方。（图3–14）

图3–12

图3–13

图3–14

5. 接着，右掌托、左掌推，练法与上2、3、4动作相同，唯方向相反。（图3–15至图3–17）

图3–15

图3–16

图3–17

四

罗汉凤舞式

【练法】

1. 承接上式。马步不变；两掌握拳，内旋上提至胸前，拳心向下，拳面相对，两肘抬平。目视前方。（图3–18）

2. 右拳不动；左拳变掌，伸臂向左肩正上方托举，掌尖向后，掌心向上。目视前方。（图3–19）

3. 左掌握拳，下收胸前，拳心向下，拳面相对，两肘抬平。目视前方。（图3–20）

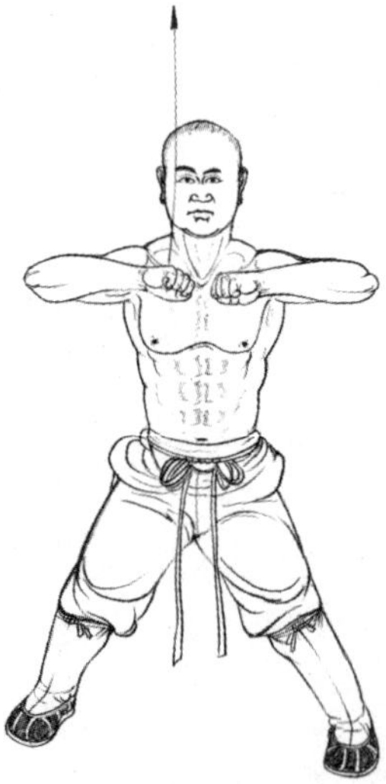

图3–18

图3–19

图3–20

4. 接着，右拳变掌，向上托举，动作与上动作相同，唯方向相反。（图3–21、图3–22）

5. 两手各托举6次（或自定次数）后，两臂屈肘，两拳上举至头前上方，拳心向后，拳面向上。目视两拳。（图3–23）

图3–21

图3–22

图3–23

6. 两拳变掌，掌心相贴，沿面前下落至胸前，指尖向上，坐腕平肘。目视前方。（图3–24）

7. 两掌根分开，两肘向上分张，指尖于喉前相对，虎口向下，掌心向前。目视两掌。（图3–25）

8. 两掌内旋向上，伸臂推举至头顶前上方。目视两掌。（图3–26）

以上两动作反复练习6次。

图3–24

图3–25

图3–26

9. 然后，两掌握拳，下收胸前，拳心向下，全面相对。目视前方。（图3–27）

10. 左脚收向右脚，正身直立；同时，两拳变掌下落，垂于体侧；全身放松，调匀呼吸。目视前方。（图3–28）

图3–27

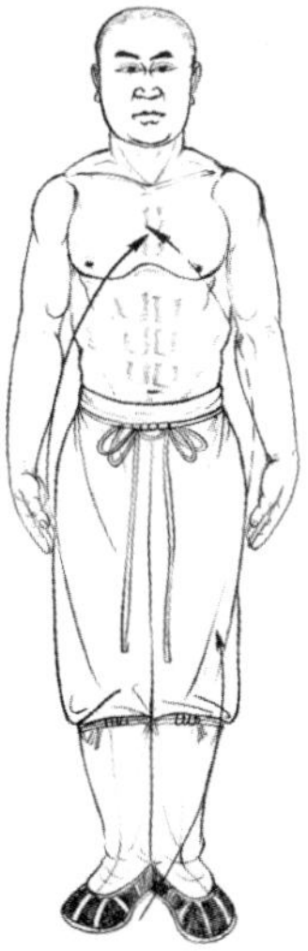

图3–28

罗汉蹲禅式

五

【练法】

1. 承接上式。左腿独立，右脚提起，将小腿外侧搁于左膝之上；同时，右掌变拳，与左掌一起上提，于胸前相抱。目视前方。（图3–29）

2. 重心缓缓下沉，左腿屈膝下蹲，成盘腿平衡式。目视前方。（图3–30）

3. 左腿缓缓伸立成独立式。（图3–31）

2、3动作下蹲、伸立，练习6次。

图3-29

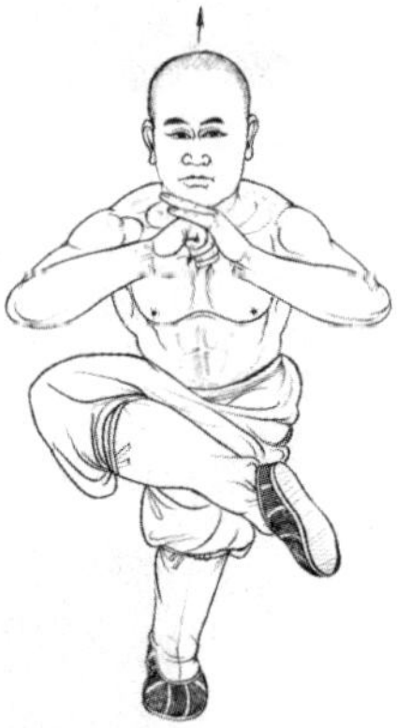

图3-30

图3-31

4. 换练右腿，与上动作相同，也练习6次。（图3-32、图3-33）

5. 练毕，左脚放下，并步站立；抱拳不变；调匀呼吸。目视前方。（图3-34）

图3-32

图3-33

图3-34

六

罗汉鹤舞式

【练法】

1. 承接上式。左脚向左横开一步，两腿屈蹲成马步；同时，左掌变拳与右拳一起横于胸前，两肘向外抬平，拳面相对，拳心向下。目视前方。（图3–35）

2. 两拳变掌，内旋稍提，虎口向下，掌心向前，指尖相对；马步不变。目视前方。（图3–36）

图3-35

图3-36

3. 两掌向前上方推出，指尖相对，掌心向前，约与脸平；马步不变。目视前方。（图3-37）

4. 两掌转腕收至胸前，掌心向内，指尖相对；马步不变。目视前方。（图3-38）

图3-37

图3-38

5. 两掌内旋，用力下按，直至两臂伸开，掌心向下，指尖向内斜相对；马步不变。目视前下方。（图3–39）

6. 两掌松劲翻转，上收胸前，指尖相对，掌心向上；马步不变。目视前方。（图3–40）

两掌如此一上一下，共练习6次。

7. 左脚内收半步，伸膝立身成大开步；同时，两掌下落，垂于体侧；调匀呼吸。目视前方。（图3–41）

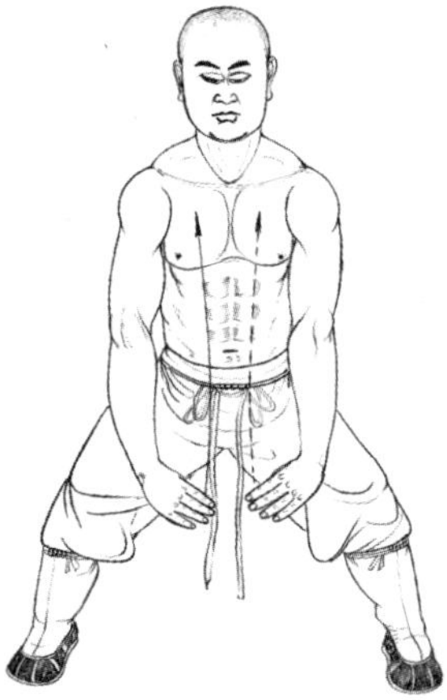

图3–39

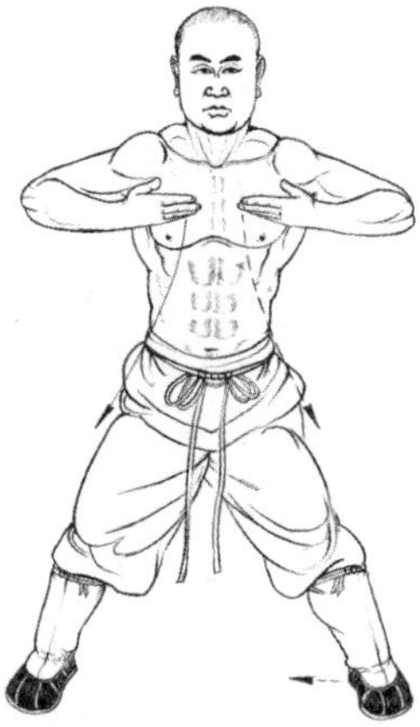

图3–40

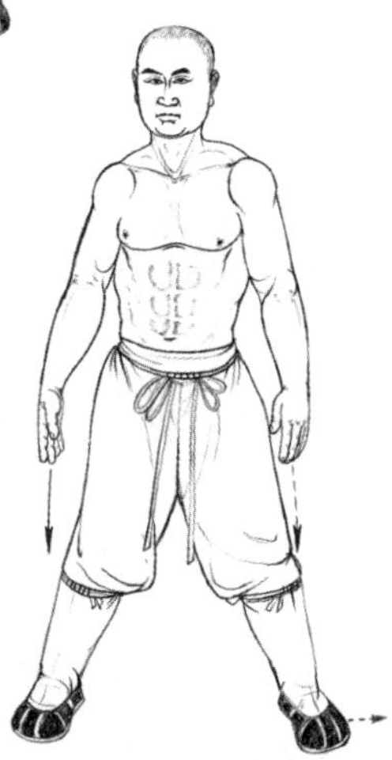

图3–41

七 罗汉摇转式

【练法】

1. 承接上式。左脚向外略开一小步，两腿伸直，上体前俯；同时，两掌垂于体前，指尖向下，掌背向前。目视前下方。（图3-42）

图3-42

2. 以腰为轴，上体带动两臂，以逆时针方向摇转一周。目随体动。练习6周。（图3-43至图3-46）

图3-43

图3-44

图3-45

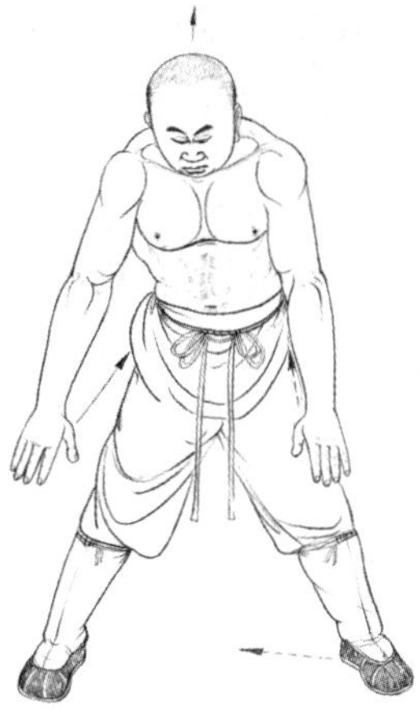

图3-46

3. 继续以顺时针方向摇转6周，练法与上动作相同。

4. 摇转后，左脚内收半步，两脚间距略宽于肩，正身站立；两掌垂放体侧；调匀呼吸。目视前方。（图3-47）

图3-47

八

罗汉转环式

【练法】

1. 承接上式。左脚外开半步，两腿屈蹲成高马步；同时，两掌握拳内转，上提至胸前，拳心向下，拳面相对，两肘抬平。目视前方。（图3–48）

2. 左拳成勾手，向左下画弧至左胯外侧，勾尖向上；右拳稍向外翻。目视前方。（图3–49）

3. 左勾手继续向后画弧，勾尖仍向上，约与肩平。目视左方。（图3–50）

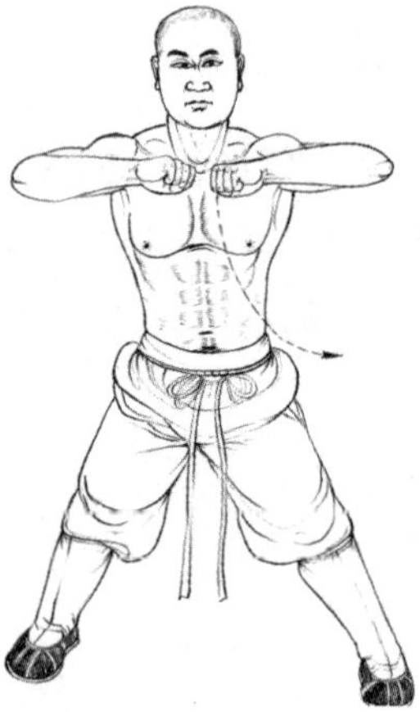

图3–48

图3–49

图3–50

4. 左勾手变掌，向前、向上旋腕，使左臂平肩，指尖斜向上，肘尖向下。目视左掌。（图3–51）

5. 左掌握拳，收至胸前，右拳移至胸前，两拳面相对，拳心向下。目视前方。（图3–52）

6. 继续练习右手转环式，与上面左手动作相同，唯方向相反。左右各练习6次。

7. 松拳成掌，垂于体侧；同时，左脚收步立正，两脚跟相并，脚尖外摆；全身放松，调匀呼吸。目视前方。（图3–53）

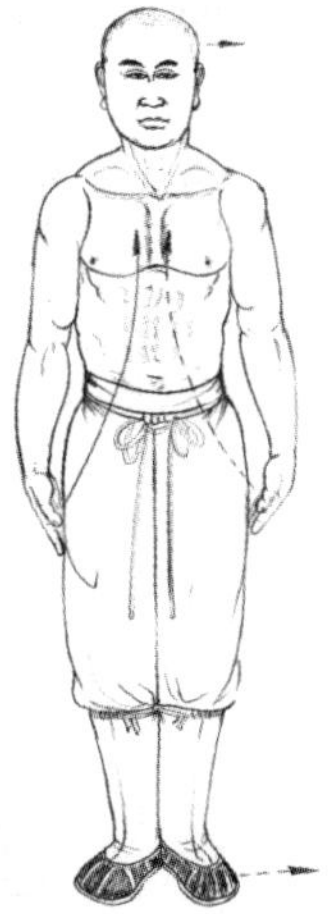

图3–51

图3–52

图3–53

九

罗汉观莲式

【练法】

1. 承接上式。左脚外摆一步，两脚成左丁八步，两脚尖间距宽于两肩，上体略左转；同时，两掌握拳内旋，上提至胸前，拳心向下，拳面相对，两肘抬平。目视左下方。（图3-54）

2. 两肘略外展（有如凭栏之状），两拳稍上提，上身向左下方转俯，心口对左踝；两膝稍屈。目视左后下方。（图3-55）

图3-54

图3-55

3. 然后起身，左脚内扣，右脚外展，两脚成右丁八步；上体右转。目视右下方。（图3-56）

4. 接做右侧观莲式，与上左式动作相同，唯方向相反。左右各做6次。

5. 两拳变掌，放下两掌，垂于体侧；左脚收步立正，两脚跟相并，脚尖外摆；全身放松，调匀呼吸。目视前方。（图3-57）

图3-56

图3-57

罗汉进退式

【练法】

1. 承接上式。左脚向前跨出一步，屈膝成左弓步；同时，两掌变拳，左拳向前方冲出，拳心向下，拳面向前，约与眼平；右臂屈肘，右拳上提至于右胸前，肘臂平肩，拳心向下，拳面斜向内。目视左拳。（图3-58）

图3-58

2. 右脚向前跨出一步，屈膝成右弓步；同时，右拳向前冲出，拳心向下，拳面向前，约与眼平；左臂屈肘，左拳收回至于左胸前，拳心向下，拳面斜向内。目视右拳。（图3–59）

3. 接着，上左步，冲左拳，动作与上动作相同。（图3–60）

图3–59

图3–60

4. 然后，退左步，冲右拳；继续退右步，冲左拳；再退左步，冲右拳。练法与进步冲拳相似。（图3–61至图3–63）

5. 右脚后收，两脚间距宽于两肩，屈蹲成马步；同时，右拳收回至胸前，两拳面相对，拳心向下。目视前方。（图3–64）

图3-61

图3--62

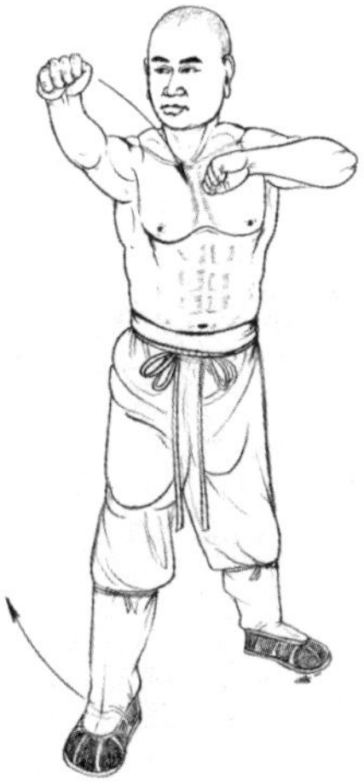

图3-63

图3-64

十一　罗汉龙探式

【练法】

1. 承接上式。两拳变掌，向左右展开，一字平肩，掌心向上，指尖向外；马步不变。目视前方。（图3-65）

2. 两掌内旋，向后直臂伸展，指尖向后，掌心向上，两虎口相对；挺胸收腹，背部肩胛向脊柱合拢。目视前方。（图3-66）

3. 两掌后伸到一定程度时，随即外旋，前收至两腰侧，掌心向上，指尖向前；身稍上起。目视前方。（图3-67）

图3-65

图3-66

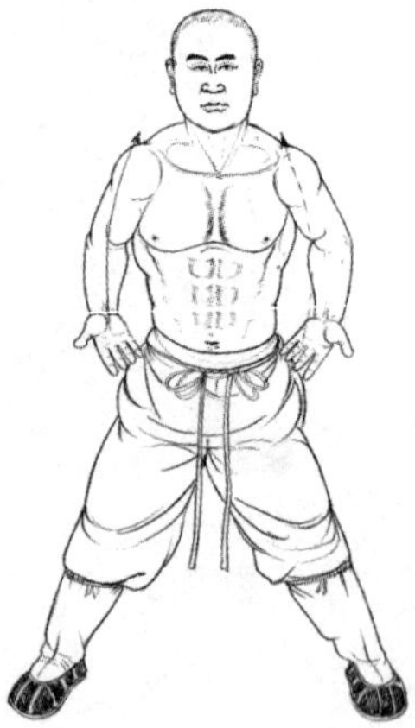

图3-67

4. 两掌内旋，一起向前上方伸臂推出，掌心向前，指尖向上，腕与肩平；身向下沉。目视前方。（图3–68）

5. 两掌收至两腰侧，然后向前推掌，再收再推，如上反复练习6次。（图3–69）

6. 然后，两掌内旋，向前伸臂撑掌，两掌根用力，掌心向前，指尖相对，约与脸平。收回，再撑出，如此练习6次。（图3–70）

7. 双掌收回，置于腰侧，掌心向上。目视前方。（图3–71）

图3–68

图3–69

图3–70

图3–71

十二 罗汉摘星式

【练法】

1. 承接上式。两脚尖外摆，成大开步，两膝稍屈，身向右斜；两掌握拳上提，在胸前一转，右拳向前伸出，约与额平，拳面向前，拳眼向上；同时，左拳向左后方伸出，约与胸平，拳面向后，拳眼向上。目视右上方。（图3–72）

2. 两脚稍扣，身体回正；同时，两拳收回，屈肘平臂，横置胸前，拳面相对，拳心向下。目视前方。（图3–73）

3. 接着，左拳前伸，右拳后伸，动作与上动作相同，唯方向相反。（图3–74）

如此左右互换，各练习6次。

图3–72

图3–73

图3–74

十三

罗汉反背式

【练法】

1. 承接上式。两拳松开，自然垂于体侧，右脚向斜后方退一步，成左丁字步（左脚尖向前，右脚尖稍斜）。目视前方。（图3–75）

2. 上体向左扭转，到最大程度。目视左后下方。（图3–76）

3. 身体回转，面向正前，上体正直；屈左膝成左弓步。目视前方。（图3–77）

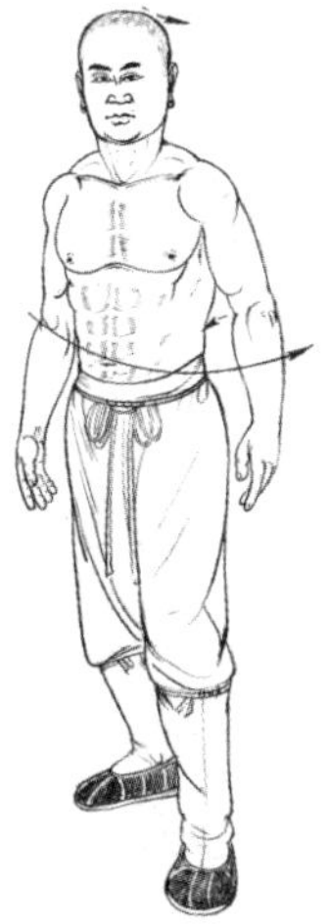

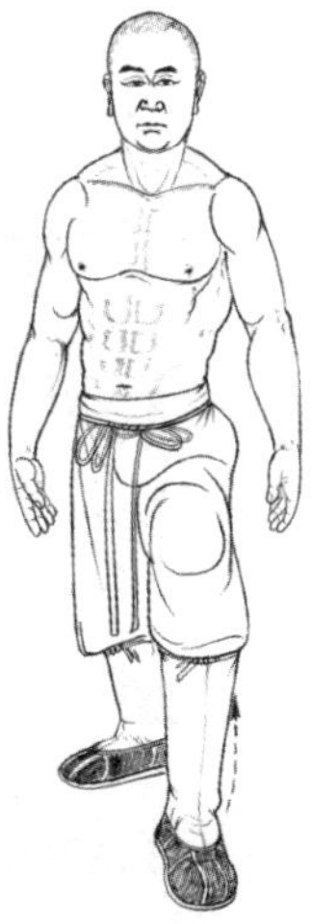

图3–75

图3–76

图3–77

4. 左脚后退一步，上体向右扭转；再退右步，向左扭转；然后身体回转，面向正前，上体正直；屈左膝成左弓步。目视前方。（图3-78至图3-83）

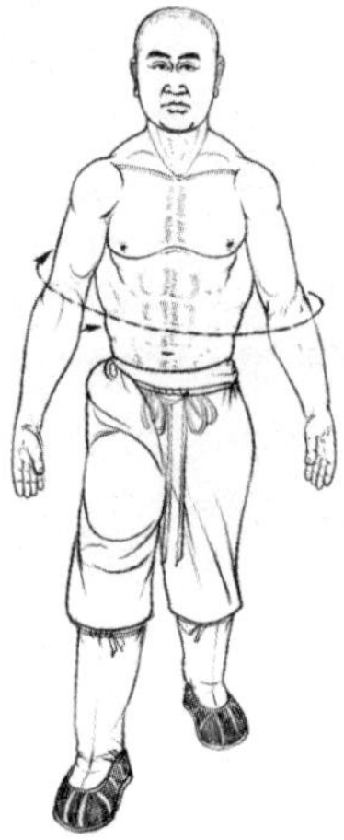

图3-78

图3-79

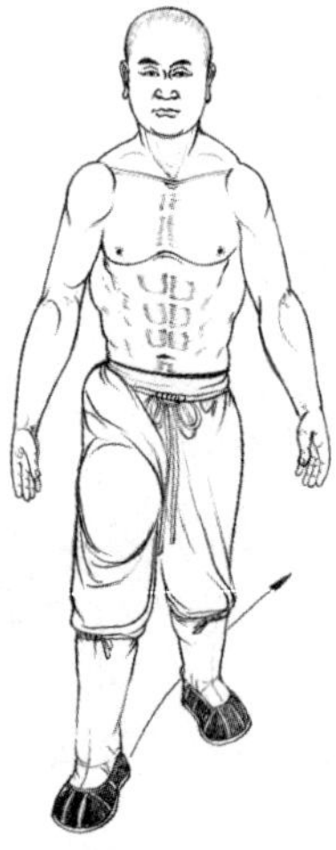

图3-80

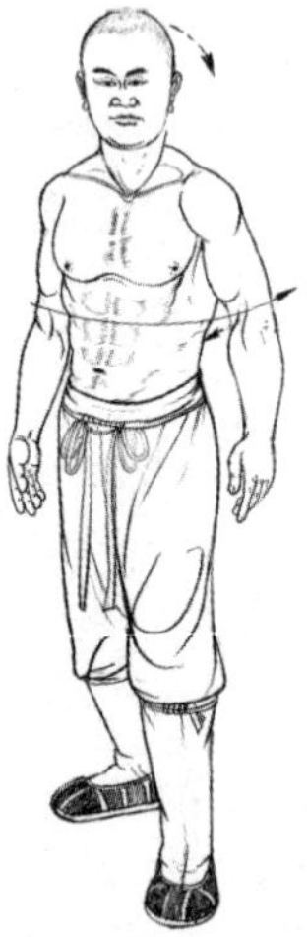

图3-81

图3-82

图3-83

5. 两脚各退3步、左右扭身后，右脚向前进步，练习进步左扭身。（图3-84）

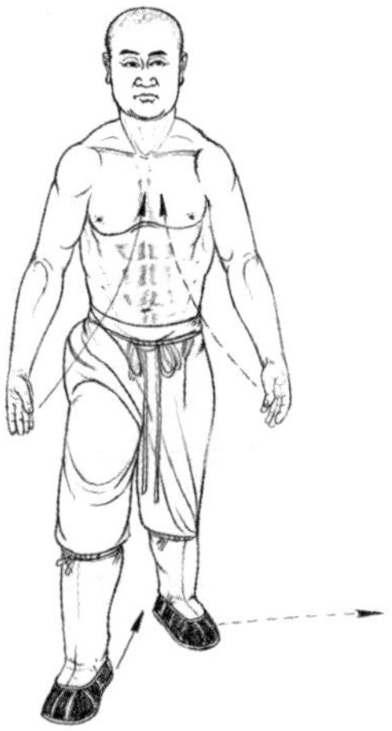

图3-84

十四 罗汉转身式

【练法】

1. 承接上式。右脚退于左脚内侧，左脚随之向左侧摆跨，左转身成左弓步；同时，两掌握拳，上收胸前，拳面相对，拳心向下。目视左下方。（图3-85）

2. 接着，两拳向左前方平肩伸出，两臂微屈成环状，拳眼向内斜相对，两拳面斜向前。目视两拳。（图3-86）

3. 向右转身，两脚摆扣，练习右侧动作。（图3-87、图3-88）

图3-85

图3-86

图3-87

图3-88

4. 左右各练习3次后，两脚摆扣，上体转正成马步；两拳平端，置于胸前，拳心向下，拳面相对。目视前方。（图3–89）

5. 左脚收步，正身立正；同时，两拳变掌，下落体侧；全身放松，调匀呼吸。目视前方。（图3–90）

图3–89

图3–90

十五

罗汉熊顾式

【练法】

1. 承接上式。两脚尖略内扣，上身前俯下探（上身与腿面夹角约成90度）；两掌握拳，两臂下垂与腿面平行，拳面向下。目视前下方。（图3–91）

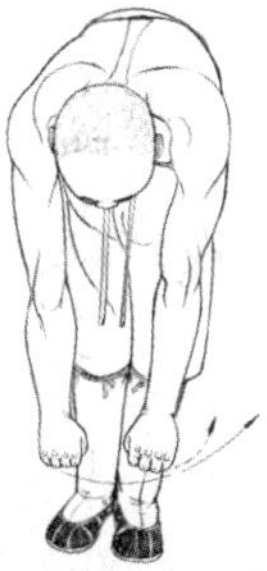

图3–91

2. 以腰为轴，上体向左摆动。目视左后方。（图3–92）

3. 上体向右摆动。目视右后方。（图3–93）

如此左右摆转，各6次。

4. 立起上身，松拳垂掌；调匀呼吸。目视前方。（图3–94）

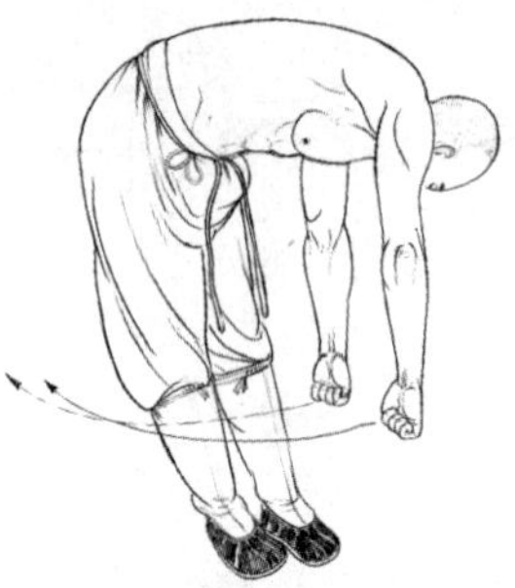

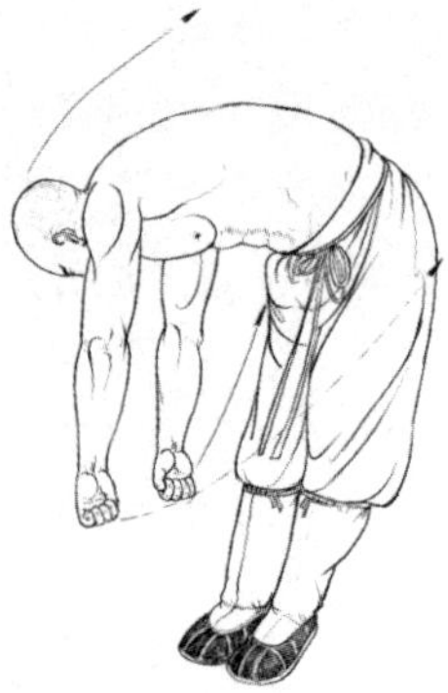

图3–92

图3–93

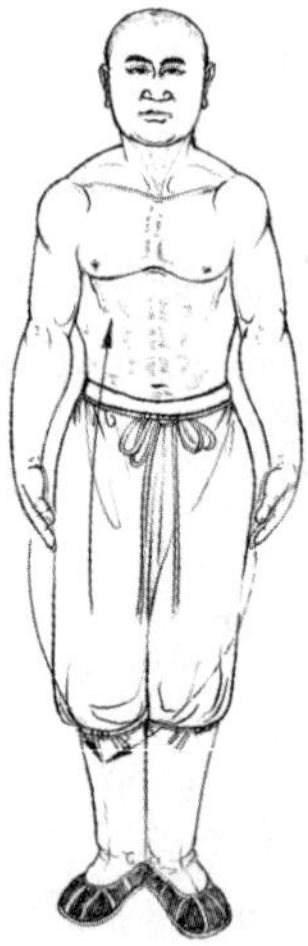

图3–94

罗汉迎宾式

十六

【练法】

1. 承接上式。左腿独立，右腿屈膝提起；两手十指交叉，抱住右小腿。目视前方。（图3–95）

2. 左膝屈蹲，直至右膝跪地；两手抱住右小腿不放，上身前俯。目视下方。（图3–96）

3. 努力起身，左腿独立；两手抱住右小腿上提，上身立起。目视前方。（图3–97）

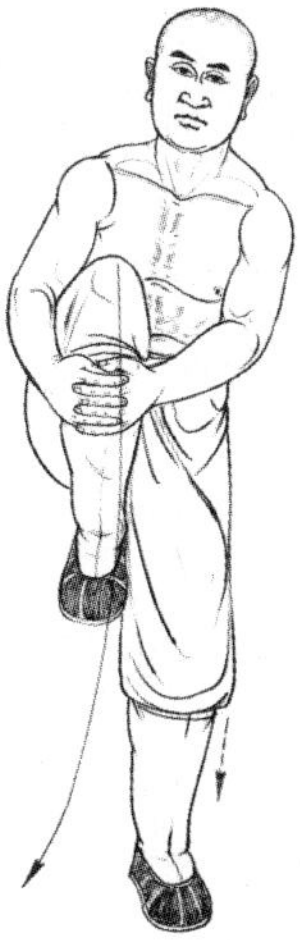

图3–95

图3–96

图3–97

4. 接着，练习左式，与上动作相同，唯方向相反。

左右各练习6次。

5. 放下两手，垂于体侧；两脚跟相靠，正身立正；全身放松，调匀呼吸。目视前方。（图3–98）

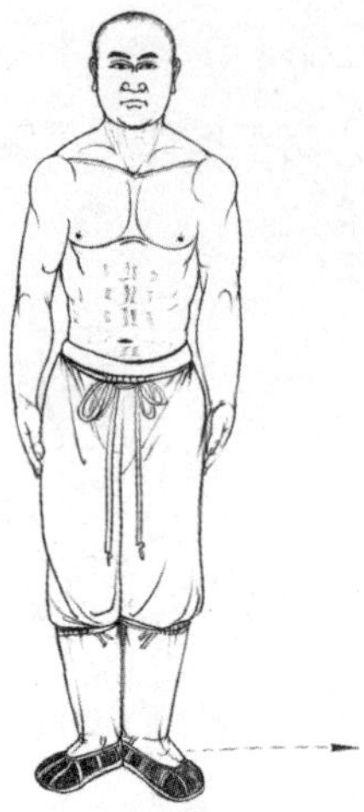

图3–98

十七 罗汉踏浪式

【练法】

1. 承接上式。左脚向左横开一步，成大开步。目视前方。（图3–99）

2. 两手握拳，屈肘上收，置于胸前，拳心向下，拳面相对；同时，上体略左转，右脚上于左脚内侧，右腿屈蹲，左脚跟提起，前脚掌点地，成左虚步。目视前下方。（图3–100）

3. 左脚向左跨一大步，脚跟着地，脚掌立起，伸腿成仆步状；上体左转，略向前俯，两拳立起，拳面向上。目视左脚。（图3–101）

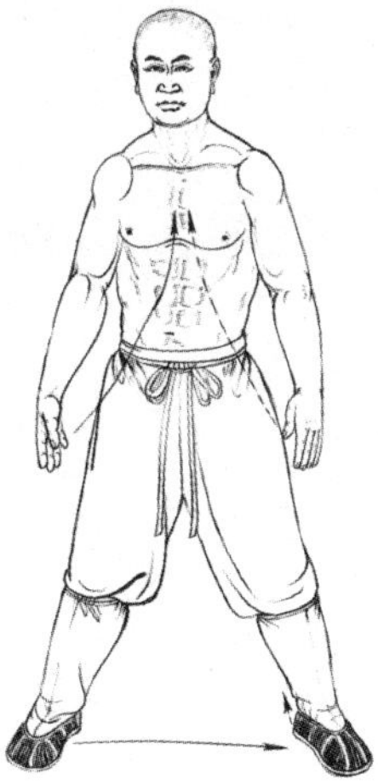

图3-99

图3-100

图3-101

4. 左脚收于右脚内侧，左腿屈蹲，右脚跟提起，前脚掌着地，成右虚步，上体右转；同时，两拳置于胸前，拳心向下，拳面相对。目视右下方。（图3-102）

5. 接着练习右式，与上动作相同，唯方向相反。（图3-103）

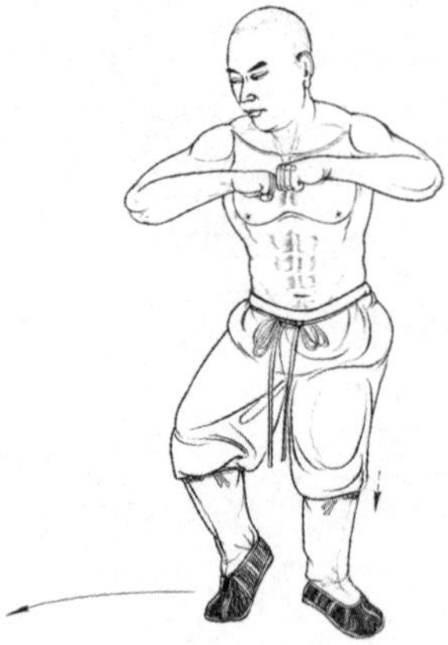

图3-102

图3-103

左右各练习6次。

6. 身体立起，右脚内收半步，两脚开步站立；同时，两拳变掌，垂于体侧；全身放松，调匀呼吸。目视前方。（图3-104）

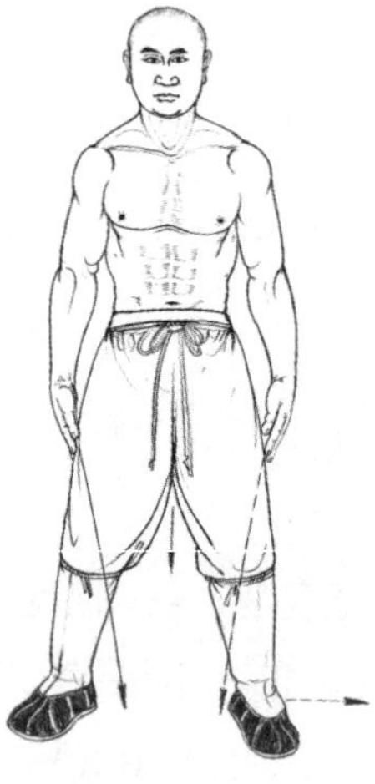

图3-104

罗汉顾盼式

十八

【练法】

1. 承接上式。左脚外开半步，两脚尖稍外摆，屈膝成低马步；随即上身前俯，两掌握拳下伸腿间，拳面拄地，拳眼向前。目视两拳。（图3–105）

2. 两腿乘势撑起上翘，悬于体侧，两脚心向前，脚尖斜向上；两臂用力，保持平衡。目视前方。（图3–106）

3. 坚持一会儿，放下两腿，放松两臂，屈膝成低马步。目视前方。（图3–107）

图3–105

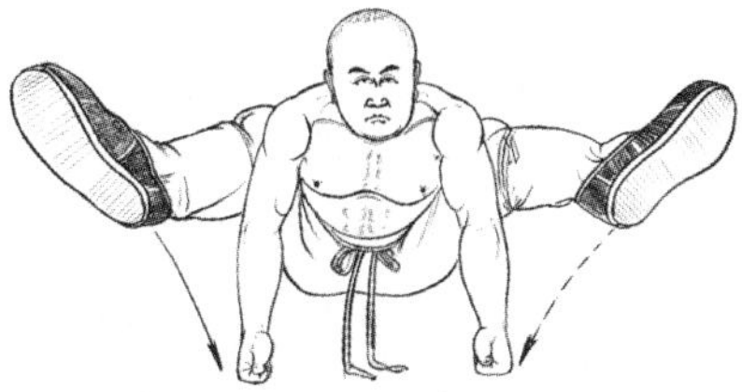

图3–106

图3–107

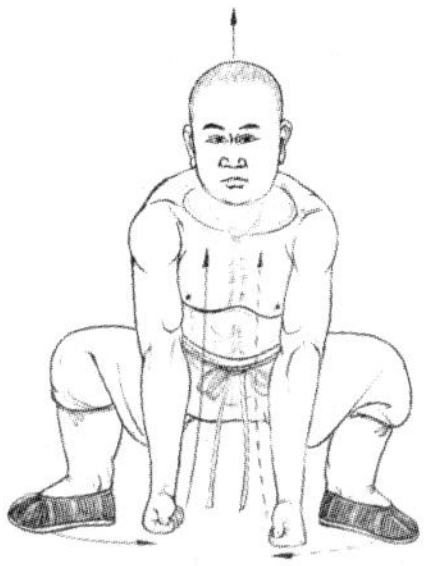

接着再练习，反复撑起。初练习6次，循序渐进，逐渐增加次数，可使两拳坚刚，两臂有力，两腿柔韧。

4. 起身收步，两脚平行，约同肩宽；两拳上提胸前，拳心向下，拳面相对。目视前方。（图3–108）

5. 先提起两脚跟，再放脚一起向下震地；不宜过猛，要弹性起落。初练习6次，逐渐增多。（图3–109、图3–110）

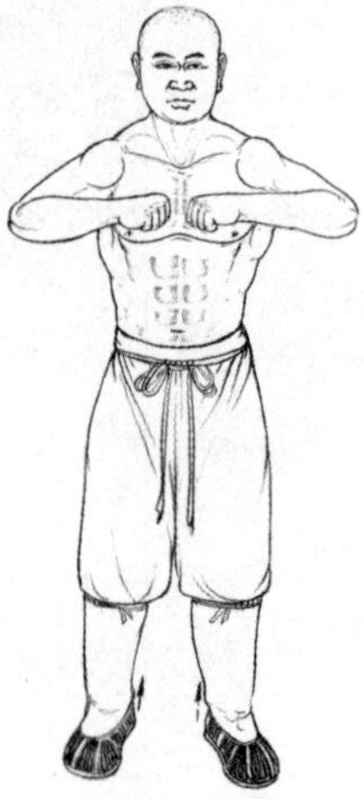

图3-108

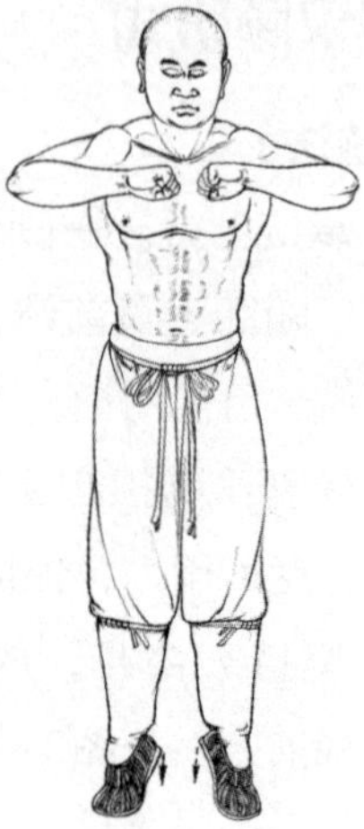

图3-109

图3-110

6. 右腿屈膝提起，左腿独立站稳；屈左臂，左拳举于左肩外上方，高过头顶，拳心向右，拳面向上。目视左侧。（图3-111）

7. 右脚斜向右后蹬出，力达脚跟，约与胯平，脚尖向外。扭头右视。（图3-112）

图3-111

图3-112

8. 右腿收起，屈膝上提，上身转正，左腿独立。目视前方。（图3-113）

9. 右脚落地，两脚立正；同时，左拳下落至胸前，两臂平肘横臂，两拳面相对，拳心向下方。目视前下方。（图3-114）

10. 换提左腿练习，动作与上动作相同。两脚各练习6次。

图3-113

图3-114

11. 双拳变掌，垂放于体侧；收脚立正，全身放松，调匀呼吸。本功结束。（图3-115）

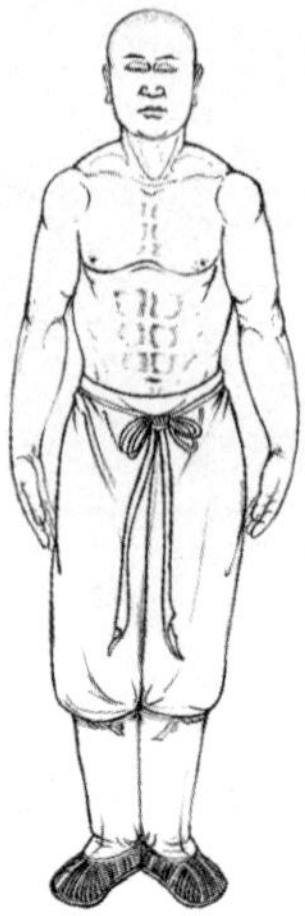

图3-115

第四章
太极吐纳六字诀

太极吐纳六字诀，即把吐纳气法与太极拳式巧妙地结合为一体，内外相融，内外兼修，妙趣横生，是非常难得的一种武术健身功。

其外，太极拳动作柔和，舒缓轻松，连绵不断，练之可通关利节，活血理气，疏经通络，强筋壮骨。

其内，六字诀的六字发音，注重呼吸，吐故纳新，练之可补元益气，畅脉除滞，疗病去疾，增寿延年。

本功以动带息，以动带气，以动练气，以动养气，方法简单，容易练习，便于自学。

一 嘘字诀

（一）起势

【练法】

1. 两脚并步，自然站立；头颈正直，微收下颌，含胸松腹；松肩落臂，两掌下垂。（图4–1）

2. 左脚向左横开半步，两脚间距略宽于肩。（图4–2）

图4–1

图4–2

3. 用鼻徐徐吸气；同时，两掌向前上方缓缓举起，略高于肩，两臂微屈，掌心向下。完势后，气吸满。（图4–3）

4. 用鼻徐徐呼气；同时，重心下沉，两腿微微屈膝；两掌缓缓下按至小腹前，指尖向前。完势后，气呼净。（图4–4）

图4-3

图4-4

（二）揽雀尾

【练法】

1. 用鼻徐徐吸气；同时，重心偏移至右脚，左脚向前迈出半步，脚跟着地，脚尖上翘，右腿屈膝，身体后坐成左虚步；两掌由下分别向侧弧形提起，左掌边提边外旋，虎口向上，掌背向前，举至略与下颌同高，指尖向右，臂成环状；右掌边提边内旋，掌心向前，指尖向左，停于左手内侧下方。目视左掌。（图4-5）

图4-5

2. 重心仍在右腿，左脚以脚跟为轴向内扣转，全脚落实，右脚尖对左脚内侧，两脚成丁字形，随即左腿屈膝，重心移于左腿，腰向右转，提右脚向右前方迈一步，脚跟着地，成右虚步；同时，右掌由下而上，向前、向右、边画弧平抹边外翻，掌心斜向上，虎口向右外斜上方，指尖向前，略高于肩；左掌随之，身体右转内旋，掌心向右肘弯内侧，虎口向上。目视右掌。（图4-6）

3. 右脚落实，右虚步不变；两肘下沉，接近两肋，两掌向下沉劲；同时，腰稍向左转，胸略内含，左腿微下坐，身体下沉。至此，气方吸满。（图4-7）

图4-6

图4-7

4. 口发长音“嘘”字；同时，右脚向前移动半步，重心前移偏于右腿，左腿蹬直成右弓步；同时，两掌向前微微外旋弧形挤出，右掌心斜向上，左掌心斜向下，两臂微屈。目视右掌。（图4-8）

5. 右弓步不变，身体略向下沉，左腿略屈；右指尖前伸向右、向后弧形画平圆成俯掌；左指尖轻护右腕随右掌画弧，微微向右旋腰。目视右掌。（图4-9）

图4-8

图4-9

6. 腰继续右转，左腿屈膝，身体后坐，重心移于左脚，右脚尖翘起成右虚步；同时，右臂屈肘下坠，收掌旋腕，转至掌心向下，再向前坐腕成立掌，指尖向前斜上方；左掌护于右腕一同画弧转腕，由俯掌变为仰掌，仍轻护于右腕处。至此，气方“嘘”尽。（图4-10）

图4-10

（三）单鞭

【练法】

1. 用鼻徐徐吸气；同时，右膝前弓，重心前移，脚尖微向内扣，左腿蹬直成右弓步；同时，两掌随身前移向前方推出，右掌心微微有吐劲，掌心侧向前；左掌仍护于右前臂内侧，掌心斜向内。目视右掌。完势后，气吸满。（图4-11）

2. 口发长音“嘘”字，两眼圆睁；同时，重心偏于右腿，扣右脚尖，提起左脚弧形向左后方迈步，落地后脚尖向左斜前方，沉身蹲成左半马步；右掌松腕，撮拢成勾，指尖向下；左掌心向内，由仰掌经左颏前，边平捋边成立掌向左推出，掌心向外，指尖向上。目视左掌。完势后，气“嘘”尽。（图4-12）

图4-11

图4-12

（四）提手上式

【练法】

1. 用鼻徐徐吸气；同时，左脚以脚跟为轴，扣正脚尖，重心逐渐移于左脚，随之内扣右脚尖，两腿屈膝半蹲；同时，右勾手变掌由右肩侧向下、向内，环抱胸前；左掌由左肩前由上向下、向胸前落，合于右腕内侧；两掌心均向内，指尖斜向上。目光内含，注视两掌。完势后，气吸满。（图4–13）

2. 口发长音“嘘”字，两眼圆睁；同时，右脚向前移步，随之左脚向左移步，脚尖略外展，上体左转；同时，右掌随转体向上提起，转动前臂，掌腕内旋至额前上方，掌心向上；左掌翻掌，按至左膝上方，掌心斜对地面，虎口斜向后。目视左前方。完势后，气“嘘”尽。（图4–14）

图4–13

图4–14

（五）白鹤亮翅

【练法】

1. 用鼻徐徐吸气；两脚不变，腰向左转，身体随之左转；两掌基本保持不变，左掌有下按之劲，身体略起；目随身转。完势后，气吸满。（图4-15）

2. 口发长音“嘘”字，两眼圆睁；腰继续向左后方转动，再略向上回环转起；同时，左掌从左向后、向上举起，举至右额外上方；右掌向右额外上方画弧。完势后，两掌心斜向外，两指尖斜向上过顶，两肩下沉，前臂直竖；两脚不动，两腿稍屈，身体转正。目视前方。至此，气方“嘘”尽。（图4-16）

图4-15

图4-16

（六）搂膝拗步

【练法】

1. 用鼻徐徐吸气；同时，向左转体，重心移于右脚，左脚尖翘起，成左虚步；右掌从右额前下落，由掌心向外转为掌心向内，指尖斜向左前下方，置于右耳外侧；左掌弧形下按，手臂稍屈，指尖向前斜上方，略低于肩。目视左掌。完势后，气吸满。（图4–17）

2. 以口发长音“嘘”字，两眼圆睁；同时，左脚前移半步，全脚落地，成左弓步；左掌向下经膝前搂至左膝外侧，掌心向下，指尖向前；右掌从右耳侧边内旋边前推，由侧掌推至臂直，指尖向上。完势后，气“嘘”尽。（图4–18）

图4–17

图4–18

3. 用鼻徐徐吸气；同时，重心后移，右膝稍屈，身体后坐，左脚回收半步，脚尖上翘，成左虚步；左掌自下而上画弧至右前上方，指尖向上，稍低于眼；右掌回收，护于左肘弯内侧；目视左掌。完势后，气吸满。（图4-19）

4. 口发长音“嘘”字，两眼圆睁；同时，左脚前移半步，屈膝前弓成左弓步；右掌先提于右脸侧，再向前推出，指尖向上，掌心向前；左掌下按于左膝外上方。目视右掌。完势后，气“嘘”尽。（图4-20）

图4-19

图4-20

5. 用鼻徐徐吸气；同时，重心移于左脚，上右脚成右虚步；左掌上提于左耳侧，右掌下按于腹前。完势后，气吸满。（图4-21）

6. 口发长音“嘘”字，两眼圆睁；同时，右脚前迈半步，重心前移成右弓步；右掌下搂，左掌推出。完势后，气“嘘”尽。（图4-22）

《 图4-21

》 图4-22

7. 用鼻徐徐吸气；同时，向右稍转身，重心移于右脚，左脚尖翘起成左虚步；右掌上提，置于右耳外侧；左掌弧形下按于腹前。完势后，气吸满。（图4-23）

8. 口发长音“嘘”字，两眼圆睁；同时，左脚前移半步，重心前移成左弓步；左掌向下搂至左膝外上方，掌心向下；右掌从右耳侧边内旋边前推，由侧掌推至臂直，指尖向上。目视右掌。完势后，气“嘘”尽。（图4-24）

《 图4-23

》 图4-24

二 呵字诀

（一）手挥琵琶

【练法】

1. 用鼻徐徐吸气；同时，重心后移，屈右膝，身体后坐，左脚回收半步，脚尖上翘，成左虚步；左掌自下而上画弧至身前，指尖斜向上，约与喉平；右掌回收，护于左臂内侧。目视左掌。完势后，气吸满。（图4-25）

2. 口发长音“呵”字；同时，左脚前迈半步，重心前移，左脚逐渐落平，屈膝前弓成左弓步；左掌边向前伸展，边向内旋腕，转为掌心向右，指尖约与额平；右掌随之前伸，指尖转向前上方，置于左腕内侧。目视左掌。（图4-26）

图4-25

图4-26

3. 右脚向前上步，与左脚平行，两脚间距约一拳宽，两腿屈膝半蹲；同时，左掌后撤，指尖约与眼平；右掌稍沉，护于左肘内侧。目视左掌。完势后，气“呵”尽。（图4–27）

图4–27

（二）搬拦捶

【练法】

1. 用鼻徐徐吸气；同时，左脚向前上步，屈膝前弓成左弓步；同时，两掌向前伸推，指尖皆向上，右掌护于左腕内侧。目视左掌。（图4–28）

图4–28

2. 重心后移，右膝稍屈，左脚回抽半步，脚尖上翘，成左虚步；同时，两掌略向左侧画弧回收，左掌略沉；右掌边收边转成掌心向上，置于右肋侧。目视左掌。至此，气方吸满。（图4-29）

3. 口发长音“呵”字；同时，左脚前移半步，成左弓步；右掌变拳向左前方崩出，拳眼向上；左掌随之立起，护于右臂内侧。目视右拳。完势后，气“呵”尽。（图4-30）

图4-29

图4-30

（三）如封似闭

【练法】

1. 用鼻徐徐吸气；同时，右臂微起；左掌向下转至右臂外侧，掌背向内，指尖向上。目视右拳。（图4-31）

2. 重心后移，身体后坐，左脚回收半步，脚尖翘起，成左虚步；同时，左掌沿右前臂外侧向前抹出；右拳变掌回抽。两掌一起收于胸前，指尖皆向上，约与口平。至此，气方吸满。（图4-32）

图4–31

图4–32

3. 口发长音“呵”字；同时，左脚上步，成左弓步；两掌转腕，一起向前推出，掌根平肩。目视两掌。完势后，气“呵”尽。（图4–33）

图4–33

（四）抱虎归山

【练法】

1. 用鼻徐徐吸气；同时，右膝略沉；两掌按向左膝前上方，指尖斜向前下方，掌心相对。目视两掌。完势后，气吸满。（图4-34）

2. 口发长音“呵”字；同时，右腿蹬伸直，成左弓步；右掌向前推出，掌根平肩，指尖斜向前上方；左掌左抹，置于腹侧，掌心向下，虎口向内。目视右掌。完势后，气“呵”尽。（图4-35）

图4-34

图4-35

（五）十字手

【练法】

1. 用鼻徐徐吸气；同时，身向右转，两脚摆扣，左膝略沉，成右高弓步；右掌向下、向右后方搂至胯旁；左掌上提于左颊旁为侧掌，向前边转腕边向右平弧画出成仰掌，指尖向右前斜上方，约与眉平。目视左掌。完势后，气吸满。（图4-36）

图4-36

2. 口发长音“呵”字；同时，右脚尖内扣，左脚尖外展，上体左转，成左虚步；右掌向右斜上方伸出，约与头平，指尖向上；左掌向左画弧伸臂，约与肩平，掌心向上。目视左掌。（图4-37）

3. 收左脚，两脚平行并立，间距约同肩宽；同时，两掌弧形上举，向身前合拢，两前臂在胸前相贴（左内右外），两指尖斜向外上方，掌心向后。至此，气方“呵”尽。（图4-38）

图4-37

图4-38

（六）左顾右盼

【练法】

1. 用鼻徐徐吸气；同时，向左转体，重心移于右脚，左脚左移，脚尖翘起，成左虚步；右掌下落，向右收提，指尖斜向前下方，置于右肩前上方；左掌弧形下按，约与胯平，掌心向下，虎口向后。目视左掌。完势后，气吸满。（图4–39）

2. 口发长音“呵”字；同时，左脚前移，逐渐踏实，重心前移，成左弓步；左掌向下经左膝外侧搂手，掌心向下，指尖向内，高与腹平；右掌向左边内旋边向前推出，推至臂直，指尖向上。目视右掌。（图4–40）

图4–39

图4–40

3. 两脚摆扣，向右转身，成右弓步；同时，右掌向下、向后搂至右腰侧，掌心向上，掌棱贴肋；左掌向右边转腕边推出，掌根平肩。目视左掌。至此，气方“呵”尽。（图4–41）

图4-41

三

呼字诀

（一）肘底捶

【练法】

1. 用鼻徐徐吸气；同时，向左转体，两脚摆扣，成左虚步；两掌左右分展，指尖向上，掌心向外，掌根稍高过肩，两臂略成弧形。完势后，气吸满。（图4-42）

图4-42

2. 口发长音“呼”字；同时，重心右移，左脚跟略收，脚尖上翘，左膝挺直，成左虚步；两掌握拳，左拳上挑，屈肘竖臂，拳面向上，约与额平；右拳经胸前向左肘前下方崩出，高与肋平，拳眼向上。目视右拳。完势后，气“呼”尽。（图4-43）

图4-43

（二）倒撵猴

【练法】

1. 用鼻徐徐吸气；同时，左脚前上半步，成左弓步；左拳变掌前落，指尖斜向前上方，约与额平；右拳不变。目视左掌。（图4-44）

2. 右腿屈膝，身体后坐，左脚尖翘起，成左虚步；同时，左掌翻转上架，置于额前上方，虎口向下；右拳变掌下按于右膝上侧，指尖向前。目视前下方。完势后，气吸满。（图4-45）

3. 口发长音“呼”字；同时，左脚落地着实，右脚向前上一步，成右弓步；右掌稍向前提；左掌向前推出，指尖向上，掌根稍高过肩。目视左掌。（图4-46）

图4-44

图4-45

图4-46

4. 左脚向前上一步，成左弓步；同时，左掌向下搂至左膝外侧，掌心向下，指尖斜向前；右掌向前推出，掌根与肩同高，指尖向上。目视右掌。（图4-47）

5. 右脚向前上一步，成右弓步；同时，右掌向右搂手于右膝外侧，掌心向下，指尖斜向前；左掌向前推出，掌根平肩，指尖向上。目视左掌。至此，气方“呼”尽。（图4-48）

《 图4-47

》 图4-48

（三）斜飞式

【练法】

1. 用鼻徐徐吸气；同时，右弓步不变；身体略向右提，右掌稍向后提；左掌变为掌心向上，以仰掌向前崩出，上身微前倾。完势后，气吸满。（图4-49）

2. 口发长音“呼”字；同时，左脚向前迈出一大步，脚尖微扣，屈膝弓腿，随即身向右转，右脚自然仆直，脚尖外摆；左掌向左上方伸出，掌心向上，约与头平；右掌向右下方按出，约与腹平，掌心向下。目视右掌背。至此，气方“呼”尽。（图4-50）

《 图4-49

》 图4-50

（四）海底针

【练法】

1. 用鼻徐徐吸气；同时，重心右移，左膝略伸，成左虚步；左掌向右画弧，经头部右侧，下落至胸前立掌，掌心向右，指尖向上；右掌弧形内收，置于腹部右侧前方，掌心向上，指尖向左。目视左下方。完势后，气吸满。（图4-51）

2. 口发长音“呼”字；同时，左脚回收半步，脚尖翘起，重心右移，身体后坐，成左虚步；左掌向前推出，指尖向上，掌棱向前，指尖约与鼻同高；右掌上移，护于左前臂内侧，掌心向内。目视左指尖。（图4-52）

3. 重心仍在右脚，右腿屈膝下蹲，左脚尖点地成虚步，上体微前倾；同时，左掌收于右上臂内侧，虎口对肩，指尖向上；右掌向斜下方插出，虎口向前，指尖低于左膝。目视右掌。至此，气方“呼”尽。（图4-53）

图4-51

图4-52

图4-53

（五）闪通背

【练法】

1. 用鼻徐徐吸气；同时，左脚向前上步，重心前移，成左弓步；右掌上挑，高与肩平，掌心向上，指尖向前；左掌护于右肘内侧，指尖向上。目视右掌。完势后，气吸满。（图4-54）

2. 口发长音“呼”字；同时，重心后移，左脚尖内扣，右脚尖外展，两腿屈膝半蹲，成左半马步；右掌挑架至右额上方，转成掌心向外，指尖向左，虎口向下；左掌向左前方推出，掌根平肩，坐腕立掌，指尖向上。目视左掌。完势后，气“呼”尽。（图4-55）

图4-54

图4-55

（六）撇身捶

【练法】

1. 用鼻徐徐吸气；同时，左脚尖内扣，重心移于左脚，右脚跟随之提起，前脚掌点地，成右虚步；两掌下落，在左肋前握拳，拳面相对，拳心向上。目视右侧。完势后，气吸满。（图4-56）

图4-56

2. 口发长音“呼”字；同时，右脚提起向前迈步，重心前移，成右弓步；右拳变掌，向右、向前翻掌向上撇打，随即抽回置于右腰间，掌心向上；左拳变掌，护于右腕一同向前伸出，待右掌回抽时向前推出，指尖向上，高与鼻平，掌心斜向右前方，掌棱向前。目视左掌。完势后，气“呼”尽。（图4-57）

图4-57

四

呬字诀

（一）云手

【练法】

1. 用鼻徐徐吸气；同时，向左转身，两脚摆扣，成左弓步；屈左臂，左掌向上、向左经面前，边旋腕边向左按出，至终点翻腕成掌心向上，指尖向外，约与额平，左臂部略屈；右掌向左经腹前，抄至左前臂内侧，掌心向下，指尖顺左臂。目视左掌。完势后，气吸满。（图4–58）

2. 口发长音“呬”字；同时，右脚收于左脚内侧，两脚并步后左脚向左横移迈步，成右弓步；随即向右转身，屈右臂，右掌向上、向右经面前，边旋腕边向右按出，掌心向前，指尖向上，约与额平；左掌由向下、向右经腹前，抄至右前臂内侧，掌心向下，虎口向内。至此，气方“呬”尽。（图4–59）

图4–58

图4–59

（二）高探马

【练法】

1. 用鼻徐徐吸气；同时，两脚摆扣，重心移于左腿，成左弓步；右掌随转体向下画弧，伸臂砍掌至裆前，指尖向下，掌心向前；左掌后收，护于右肩前，掌心向下，指尖向右。目视右前下。完势后，气吸满。（图4–60）

2. 口发长音“呬”字；同时，上体左转，左脚收提向前踏出一步，成左弓步；右掌向右画弧，经右肩过胸向左前斜上方推出，指尖向上，高过头顶，上身略向前探；左掌下落，环臂于胸前，置于右上臂下方，指尖斜向上。目视右掌。至此，气方“呬”尽。（图4–61）

图4–60

图4–61

（三）分腿

【练法】

1. 用鼻徐徐吸气；同时，左弓步不变；右掌向右、向下画弧，左掌随右掌相向画弧。两掌交叉时变拳，相交于嘴前（右内左外），两拳心均向内。完势后，气吸满。（图4–62）

图4-62

2. 口发长音“呬”字；同时，提起右脚向右斜前方踢出，脚面绷平，约同裆高；两拳变掌自上而下分出，右掌前伸，指尖向前略低于肩；左掌斜伸于左侧，略高于肩，指尖向左。至此，气方“呬”尽。（图4-63）

3. 用鼻徐徐吸气；同时，右腿屈膝略收，随之向前弧形落步，成右弓步；两掌收于身前，两前臂内侧相贴，左上右下，右掌心向上，左指尖向上。完势后，气吸满。（图4-64）

图4-63

图4-64

4. 口发长音“呬”字；同时，提起左脚向左斜前方踢出，脚面绷平，约同裆高；两掌自下而上分出，左掌向左前伸，指尖向上，掌根平肩；右掌斜伸于右上方，指尖向上，高过头顶。至此，气方“呬”尽。（图4–65）

图4–65

（四）转身蹬脚

【练法】

1. 用鼻徐徐吸气；同时，右脚以脚跟为轴扣脚转体，左腿屈膝下摆，小腿下垂；两掌变拳，相交于额前，左拳在外，右拳在内，两拳心均向前。完势后，气吸满。（图4–66）

2. 口发长音“呬”字；同时，左脚勾紧脚尖向前蹬出，脚尖向上，约同裆高；两拳变掌自上而下分出，左掌前伸，略低于肩，指尖向前；右掌环臂于头部右侧，约与额平，指尖向左。至此，气方“呬”尽。（图4–67）

图4-66

图4-67

（五）进步栽捶

【练法】

1. 用鼻徐徐吸气；同时，左腿屈膝内收，随之向前落步，成左弓步；左掌向左膝外搂手，收至左大腿侧，掌心向下，指尖向前；右掌向前推出，掌根平肩，指尖向上，掌心向前。目视右掌。（图4-68）

图4-68

2. 右脚向前方上一步，成右弓步；同时，右掌向右膝外侧搂手，收于右大腿上方，掌心向下，指尖向前；左掌向前推出，掌根平肩，指尖向上，掌心向前。目视左掌。此时，气方吸满。（图4–69）

3. 口发长音“呬”字；同时，左脚向前上一步，成左弓步；左掌搂膝后画弧，收于右上臂内侧；右掌上提至右肋旁，握拳向前下方崩伸而出，高与腹平，拳面向地。完势后，气“呬”尽。（图4–70）

图4–69

图4–70

（六）打虎式

【练法】

1. 用鼻徐徐吸气；同时，左脚向后弧形退一大步，上体左旋，随之右脚尖内扣，重心移于左腿，成右高虚步；左掌变拳，向左提架于头部左上方，拳眼向下；右拳直臂左收，置于裆前，拳面向下，拳心向内。头右转，目视右方。完势后，气吸满。（图4–71）

图4-71

2. 口发长音“呬”字；同时，右脚向右侧弧形摆一大步，重心移于右腿，成右弓步；右拳向右外侧画弧，上举架臂于头顶上方，拳眼向下，拳面向左；上体右旋，左拳向左、向下画弧，经腹部至右肋外侧，拳心向下，拳面向右后方。头部转正，目视左斜前方。完势后，气“呬”尽。（图4-72）

图4-72

五

吹字诀

（一）披身踢脚

【练法】

1. 用鼻徐徐吸气；同时，向左转身，两脚摆扣，成左弓步；右拳向右、向下再向左，经腹前向左前上方画弧提起；左拳向左前上方翻出。两拳相交口前，左腕背贴于右腕内侧，两拳心均向内。完势后，气吸满。（图4–73）

2. 口发长音“吹”字；同时，提起右脚向右斜前方踢出，脚尖上勾，约与腹高，上体略向后倾；两拳变掌自上而下分出，右掌前伸，指尖向前，掌心向下，略低于肩；左掌屈臂架于头部左上方，掌心向前，指尖向右。完势后，气“吹”尽。（图4–74）

《 图4–73

》 图4–74

（二）双风贯耳

【练法】

1. 用鼻徐徐吸气；同时，右腿落下，重心前移，成右弓步；两掌向腹前按下，指尖相对，两臂微屈成环抱形，上体略前倾。目视两掌。完势后，气吸满。（图4–75）

图4-75

2. 口发长音“吹”字；同时，右弓步不变；两掌左右分开，向上翻转，向前画弧相合于面部前方，拳背相对，拳眼向下，两臂微屈。完势后，气“吹”尽。（图4-76）

图4-76

（三）二起脚

【练法】

1. 用鼻徐徐吸气；同时，右脚尖外摆，左脚跟稍起，身体右转，两腿成交叉状；两腕相搭，交叉于胸前，左外右内，两拳面斜向上。目视前下方。完势后，气吸满。（图4–77）

2. 口发长音“吹”字；同时，提起左脚向左斜前方踢出，脚面绷平，约同裆高；两拳变掌自下而上分出，左掌向左前伸，高与胸平，指尖斜向上；右臂屈肘，右掌举于右侧，指尖斜向上，约与额平。目视左脚尖。（图4–78）

3. 右脚尖外展，向右转体，左脚下落回收，屈膝提起；同时，两掌变拳交叉胸前，左内右外，两拳心向内。目视前方。至此，气方“吹”尽。（图4–79）

图4–77

图4–78

图4–79

4. 用鼻徐徐吸气；同时，左脚向前落步扣脚，随即右转身，右脚收于左脚前，脚尖点地；两拳不变（左内右外）。目视前方。完势后，气吸满。（图4-80）

5. 口发长音“吹”字；同时，提起右脚向右斜前方踢出，脚背绷直，高与腹平；两拳变掌向左右分出，右掌前伸，指尖向前，虎口向上，略低于肩；左臂屈肘，左掌架于头部左上方，掌心斜向外，虎口向下。目视右前方。完势后，气“吹”尽。（图4-81）

« 图4-80

» 图4-81

（四）野马分鬃

【练法】

1. 用鼻徐徐吸气；同时，上体左转，右脚屈膝内收向前落步，前脚掌虚点地面，左脚跟后转，重心移于左腿，成右虚步；两掌随转体沉身合于胸前，右掌在前，指尖斜向上；左掌护于右肘弯内侧。目视右掌。（图4-82）

2. 右脚尖翘起，脚跟着地，仍为右虚步；右掌下落裆下，指尖向下，掌心向左；左掌同时上移于右肩前，指尖向上，身体微向左转。目视右前方。此时，气方吸满。（图4-83）

« 图4–82

» 图4–83

3. 口发长音“吹”字；同时，右脚向前半步，成右弓步；两掌上下对向分开，左掌下捋至左胯后侧，掌心向下，指尖向后；右掌向右上方伸出，掌心斜向上，约与眉平。目视右掌。完势后，气“吹”尽。（图4–84）

4. 用鼻徐徐吸气；同时，右弓步不变，上身微向左前斜转；左掌向右下方弧形抄掌，置于右大腿外侧，指尖向下，掌心向右；右掌下移至左肩前侧，掌心向下，指尖向左。目视左下。完势后，气吸满。（图4–85）

« 图4–84

» 图4–85

5. 口发长音“吹”字；同时，左脚向前上步，成左弓步；两掌上下对向分开，右掌下捋至右胯后侧，掌心向下，指尖向后；左掌向左上方伸出，指尖斜向上，约与头顶平。完势后，气“吹”尽。（图4-86）

6. 以鼻徐徐吸气；同时，左脚后收，下盘拗步；右掌前画于裆前，指尖向下，掌心向左；左掌下画于右肩前，指尖向上。完势后，气吸满。（图4-87）

7. 口发长音“吹”字；同时，右脚向前上一步，成右弓步；右掌向前方提起，坐腕竖掌，掌棱向前，指尖向上，约与眼平；左掌护于右臂内侧，指尖向上，掌心向右。目视右掌。完势后，气“吹”尽。（图4-88）

图4-86

图4-87

图4-88

（五）玉女穿梭

【练法】

1. 用鼻徐徐吸气；同时，重心移于右腿，左脚前迈半步，脚跟着地，成左虚步；左掌向前、向上抄抱于左肩前方，屈臂成弧状，指尖向前，掌心向上；右掌护于左上臂内侧，指尖向上，掌心向左。目视左掌。完势后，气吸满。（图4–89）

2. 口发长音“吹”字；同时，左脚向斜前方上半步，重心前移，成左弓步；两掌一起向前平送、画圈；然后左掌前推，掌根约同肩高，指尖向上，掌心斜向前；右掌向前下按，置于腹前，掌心向下，指尖向左；目视左掌。至此，气方“吹”尽。（图4–90）

« 图4–89

» 图4–90

3. 用鼻徐徐吸气；同时，上体右转，两脚摆扣，右脚尖翘起，成右虚步；右掌随转身向右前方画出，掌心向上，指尖向前斜上方，约与眼平，屈臂成半弧形；左掌下按，置于右肘内侧下方，掌心向下，掌棱向前。目视右掌。完式后，气吸满。（图4–91势

图4-91

4. 口发长音“吹”字；同时，右脚向斜前方上半步，重心前移，成右弓步；两掌一起向前平送、画圈；然后右掌前推，掌根约同肩高，指尖向上，掌心斜向前；左掌向前下按，置于腹前，掌心向下，指尖向右。目视右掌。至此，气方“吹”尽。（图4-92）

图4-92

5. 用鼻徐徐吸气；同时，左脚向前上一步，成左弓步；左掌向前推出，掌心向前，指尖向上，约与眼平；右掌护于左腕内下方，指尖顺左掌，掌心向前下方。目视左掌。完势后，气吸满。（图4–93）

6. 以口发长音“吹”字；同时，右脚向前上进一步，成右弓步；右掌向前推出，掌心向前，指尖向上，约与额平；左掌前按，护于右前臂下侧，指尖斜向前上方。目视右掌。至此，气方“吹”尽。（图4–94）

图4–93

图4–94

（六）下式

【练法】

1. 用鼻徐徐吸气；同时，左脚向前上一步，成左弓步；左掌向前推托而出，掌心向前斜上方，指尖向外，约与颔平；右掌下按，护于左前臂内侧，指尖斜向前上方，虎口向上。目视左掌。完势后，气吸满。（图4–95）

2. 口发长音“吹”字；同时，右脚后退半步，右腿屈膝下蹲，左腿自然伸开，成左仆步；两掌下沉，左臂伸直，左掌接近左脚，虎口向上，指尖斜向前；右掌抽回胸前，接近腋部，掌心向上，指尖向前。目视左掌。至此，气方“吹”尽。（图4–96）

图4-95

图4-96

六 嘻字诀

（一）金鸡独立

【练法】

1. 用鼻徐徐吸气；同时，左脚尖外摆，左膝屈起前弓，重心前移成左弓步；两掌随着身体起立向前穿伸，右掌伸在左掌前面，虎口向上，指尖向前，约与眼平；左掌护于右肘内侧，指尖向上。目视右掌。完势后，气吸满。（图4-97）

图4-97

2. 口发长音“嘻”字；同时，右腿屈膝提起成左独立式，右脚尖斜向下；左掌向前下方按出，置于右小腿前方，指尖向右；右掌向上举起，架臂亮掌于额头前上方，掌心向前，虎口向下。目视左掌。（图4-98）

3. 右脚向前落步，左腿顺势屈膝提起；同时，左掌上举，架臂亮掌于额前上方，掌心向前，虎口向下；右掌下按于左小腿前方，掌心向下，指尖向前。至此，气方“嘻”尽。（图4-99）

« 图4-98

» 图4-99

（二）白蛇吐信

【练法】

1. 用鼻徐徐吸气；同时，左脚落地，以前脚掌虚点地面，脚跟虚悬，重心落于右腿，下沉身成左虚步；两臂相交身前，左臂在内，两掌心向内，指尖斜向上方。完势后，气吸满。（图4-100）

2. 口发长音“嘻”字；同时，左脚稍向前移，全脚落实，仍为左虚步；左掌向前穿出，掌心向下，指尖向前，约与眉平；右掌内旋，掌心向下，护于左上臂内侧。目视左掌。（图4-101）

图4-100

图4-101

3. 左脚前移半步，成左弓步；同时，左掌随进身继续前穿，高度不变；右掌沉按，护于左肘下方。目视左掌。至此，气方“嘻”尽。（图4-102）

图4-102

（三）指裆捶

【练法】

1. 用鼻徐徐吸气；同时，向右后方转身，两脚摆扣成右虚步；左掌上举，置于额前上方，虎口向下，指尖向右；右掌护于左肋侧，指尖斜向左上方。目视前方。完势后，气吸满。（图4–103）

2. 口发长音“嘻”字；同时，右脚前进，成弓步；右掌握拳向右膝前崩伸而出，拳面斜向下；左掌下抄，护于右肘内侧，指尖向斜上方；上体前倾。目视右拳。至此，气方“嘻”尽。（图4–104）

« 图4–103

» 图4–104

（四）上步七星

【练法】

1. 用鼻徐徐吸气；同时，右腿屈膝全蹲，随即向左转体，左腿伸开成左仆步；右拳变掌，与左掌一起向下、向左弧形穿出，左掌置于左脚上方，指尖向前，虎口向上；右掌置于左上臂内侧，指尖向左前方，虎口向上。目视左掌。完势后，气吸满。（图4–105）

图4-105

2. 口发长音“嘻”字；同时，身体起立，右脚向前上步，脚跟着地，成右虚步；两掌由下向上、向前提起，右掌在前，掌心向左，指尖上翘，约与嘴平；左掌护于右肘内侧，指尖向上。目视右掌。至此，气方“嘻”尽。（图4-106）

图4-106

（五）退步跨虎

【练法】

1. 用鼻徐徐吸气；同时，右脚后撤一步，成左弓步；两掌一起下落，掌根相对，左掌在上，掌心斜向前，指尖向前斜上方；右掌在下，掌心斜向前，指尖斜向左下方，约与腹平。完势后，气吸满。（图4–107）

2. 口发长音“嘻”字；同时，身体后坐，右腿独立，左腿屈膝提起，脚尖外斜；同时，两掌前后分开，左掌变勾手，向左展臂与肩平，勾尖向下；右臂屈肘，右掌上架亮掌，举于头顶上方，指尖向左，掌棱向上。目视左方。（图4–108）

图4–107

图4–108

3. 左脚向右落步，转身成左弓步；同时，左勾手成掌向前穿出，略高于肩，掌心向上，指尖向前；右掌从左上臂下方推过，立于左上臂外侧，指尖向上，掌心向左。目视左掌。至此，气方“嘻”尽。（图4–109）

图4-109

（六）弯弓射虎

【练法】

1. 用鼻徐徐吸气；同时，以右脚跟为轴，右脚跟和左脚掌同时用力，身体向右旋转约半周，成高弓步（两腿稍盘）；两掌随转体向右平摆，右掌前伸，坐腕立掌，约与头平；左掌收于右肋前侧，掌心向下。（图4-110）

图4-110

2. 重心前移，成右弓步；同时，两掌顺势向前下方推按而出，约与腹平，两腕相交，左上右下，指尖均向斜上方。完势后，气吸满。（图4–111）

3. 口发长音“嘻”字；同时，左脚向前上一大步，身向右转，成左高仆步；两掌转腕变拳，向左右分开，有如拉弓。右臂屈肘，右拳拉至右肩前，拳心向下，拳面向左；左拳向左前下方伸臂，高与腹平，拳心向下，拳眼与右拳面遥遥相对。目视左拳。至此，气方“嘻”尽。（图4–112）

« 图4–111

» 图4–112

（七）收势

【练法】

1. 用鼻徐徐吸气；同时，右脚尖内扣，重心移向左脚，成左弓步；两拳变掌，左掌画弧向前推出，转腕变为立掌，掌棱向前，指尖约与眼平；右掌前画，护于左肘内侧。目视左掌。（图4–113）

2. 用鼻徐徐呼气；同时，重心右移，左脚向右脚收步，两脚平行，两膝略屈，向下沉身；两掌向右画弧，缓缓下按至两大腿前外侧，掌心向下，指尖向前。目视左掌。（图4–114）

图4-113

图4-114

3. 伸腿立身，两掌自然垂于体侧；目视前方；调匀呼吸，全身放松，全功收势。（图4-115）

图4-115

第五章
道家坐功导引法

导引，亦称“道引”，是我国一种古老的养生术，练之可调营卫，消水谷，除风邪，益血气，疗百病，延年寿。导引主要分为坐引、立引和步引三种。

本功属于“坐引”，全是坐功，共20式，徐缓柔绵，运劲自然，方法简单，自习方便。经常练习，可柔体松身，舒筋顺气，祛病除疲，养生保健。

一 推拉干梳

【练法】

1. 盘坐；两手十指弯曲，先起右手，五指从额前发际向头顶推梳。（图5-1）

2. 右手转腕向后下拉梳；左手随之从左额发际向头顶推梳。（图5-2）

3. 右手食指过风府穴、中指过风池穴，拉梳至右耳根部；左手紧跟梳至头顶后方。（图5-3）

如此上推、后拉，左右循环，干梳36次（或自定次数）。也可两手一起推拉。

4. 然后，两手掌心按住后脑两侧，食、中二指按住后脑中线下摩，至风府穴时左右略分，按摩风池穴下移至耳根部。（图5-4）

图5-1

图5-2

图5-3

图5-4

握固叩齿

二

【练法】

1. 盘坐；松肩含胸，两掌按于两大腿上。调息片刻。（图5–4）

2. 两掌稍提外分，两掌心略向前方，肘部约成直角，两手以拇指尖掐住无名指根节。（图5–6）

3. 四指屈握拇指成拳（握固）。（图5–7）

图5–5

图5–6

图5–7

4. 两拳收至肚脐两侧，拳心向内，拳眼向上。（图5–8）

5. 口唇轻合，叩齿36次。（图5–9）

图5–8

图5–9

三

叉指扭身

【练法】

1. 盘坐；两手十指交叉于胸前，手心向内。（图5–10）

2. 两手翻转，向前撑出，两肘伸开，高与肩平。（图5–11）

3. 两手翻转，收回胸前，手心向内。（图5–12）

图5–10

图5–11

图5–12

4. 两手翻转，向上推举，手心向上。（图5-13）

5. 两臂伸开，两手翻转使掌心向下。左手随即用力下拉；同时，右手用力上顶，使右臂充分伸展。（图5-14）

6. 接着，右手用力下拉；同时，左手用力上顶，使左臂充分展开。（图5-15）

图5-13

图5-14

图5-15

7. 两手下落，抱住后脑。头颈随即用力后仰，胸部挺起，两手同时用力前扳，头、手相互争力。（图5–16）

8. 两手仍抱脑后，两肘左右摆动，上身随之向左右扭转，各12次。（图5–17、图5–18）

9. 头颈转正，两手放下，按于两膝；意守丹田，调息3分钟。（图5–19）

图5–16

图5–17

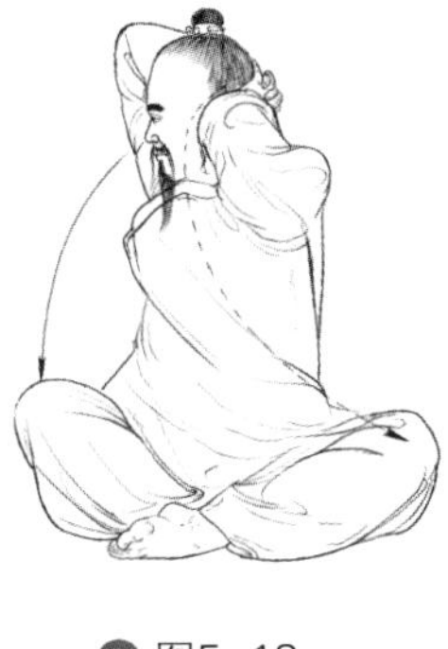

图5–18

图5–19

四

左右开弓

【练法】

1. 盘坐；两掌上托胸前，指尖相对，掌心向上。（图5-20）

2. 左掌向左缓缓穿出，掌心向上，手臂伸开，指尖向左；同时，右掌稍提，仍置于胸前。头向左转，目视左掌。（图5-21）

3. 动作不停。右掌向右后拉，掌心向上；左掌继续左穿，左臂伸开，约与肩平。状似引弓射箭。（图5-22）

图5-20

图5-21

图5-22

4. 稍停片刻。两掌恢复胸前托掌，放松身体，调匀呼吸。（图5-23）

5. 上为左式。接着练习右式，动作相同，唯方向相反。（图5-24至图5-26）

图5-23

图5-24

图5-25

图5-26

6. 左右式练后，两掌翻转，下按小腹之前，指尖相对。（图5-27）

7. 两掌翻转，分置两大腿上，掌心向上，指尖相对；全身放松，调息片刻。（图5-28）

图5-27

图5-28

五 紧拳怒目

【练法】

1. 盘坐；两手握拳，置于腰间，拳心向上，两臂屈肘，肘向后引。（图5-29）

2. 两拳同时向前上方冲出，高与肩平，拳眼向上；瞪睛怒目。定式后停住数秒，用力握紧两拳，越握越紧，不可放松。（图5-30）

图5-29

图5-30

3. 两拳放松，收回抱腰；目光内敛。（图5–31）

4. 两拳向左右冲出，高与肩平，拳眼向上；同时，瞪睛怒目。定式后停住数秒，用力握紧两拳，越握越紧，不可放松。（图5–32）

5. 两拳放松，收回抱腰；目光内敛。（图5–33）

图5–31

图5–32

图5–33

6. 两拳向上对肩冲出，拳面向上，拳心相对；同时，瞪睛怒目。定式后停住数秒，用力握紧两拳，越握越紧，不可放松。（图5–34）

7. 两拳放松，收回抱腰；目光内敛。（图5–35）

图5-34

图5-35

六 黑熊抖膀

【练法】

1. 盘坐；右拳抱腰不动；左臂屈肘，向左抬起，略高于肩，左拳置于左肩前，拳心向下。目视左臂。（图5-36）

2. 左肘向后摆6次后，随即下压，肘尖平肋。（图5-37）

图5-36

图5-37

3. 左拳向左斜下方甩出，约与膝平，拳面斜向下。目视左拳。（图5-38）

4. 左拳连续甩臂6次，收抱腰间，拳心向上；头部转正，目视前下方。（图5-39）

5. 接着，练习右拳甩臂，动作相同，唯方向相反。（图5-40至图5-43）

图5-38

图5-39

图5-40

图5-41

图5-42

图5-43

七

龙虎相会

【练法】

1. 盘坐；两臂屈肘，交叉胸前，左内右外，右手抓住左肩，左手抓住右肩，用力向前下扳。（图5-44）

2. 仰头挺胸，用力后张，与两手相互争力。（图5-45）

3. 上动作练习6次后，头颈复正。（图5-46）

图5-44

图5-45

图5-46

4. 上身前屈，头部用力前耸；同时，两手用力向下压肩。（图5-47）

5. 上动作练习6次，回身正首；两手放下，按于两大腿上，虎口向内；意守丹田，调息片刻。（图5-48）

图5-47

图5-48

八 大雁舒翅

【练法】

1. 盘坐；两臂屈肘，两拳收至腋前，拳心向上。（图5-49）

2. 两肘向后上收；同时，低头拱背。（图5-50）

图5-49

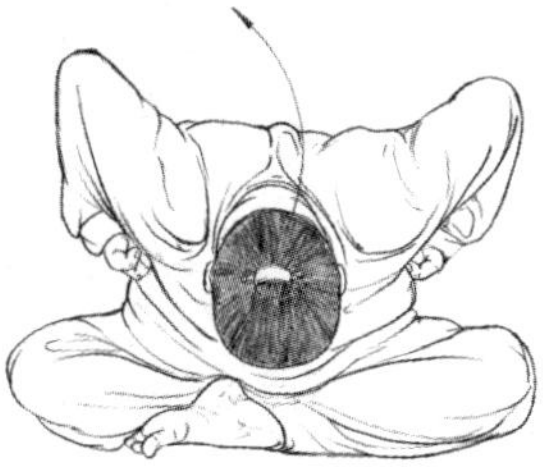

图5-50

3. 上动作练习6次后，挺胸仰头，两肘后张。（图5–51）

4. 上动作练习6次后，回身正首；两拳变掌放下，按于两大腿上；全身放松，调息片刻。（图5–52）

图5–51

图5–52

九 仰吞星辰

【练法】

1. 盘坐；两臂屈肘，两手按住后腰，虎口向下。目视前方。（图5–53）

2. 两手托住后腰，上身后仰；两膝顺势里合助力。目视上方。（图5–54）

图5–53

3. 上两动作来回练习6次后，恢复盘坐，调息片刻。（图5–55）

图5–54

图5–55

犀牛回首

【练法】

1. 盘坐；两手按于两大腿上，指尖相对。目视前方。（图5–56）

2. 左手向左后方以掌背触地，左臂内旋，指尖向外，手腕向内；同时，右手在体前攀住左膝向右扒按。头向左转，目视左后上方。（图5–57）

图5–56

图5–57

3. 上为左式。接着练习右式，动作相同，唯方向相反。（图5–58）

4. 左右各练习6次后，恢复盘坐，两手按于两膝；调息片刻。（图5–59）

图5–58

图5–59

十一 仙鹿望月

【练法】

1. 坐下，两腿屈膝，两小腿交叉；两手十指交叉，掌心向前，两肘环抱两膝；然后，低头拱背；同时，两膝用力外展，外扩两臂，外开两肩，以舒筋活节。（图5–60）

图5–60

2. 上动作练习6次后，掌心翻转向内，抱住两小腿。然后，挺胸抬头，上身后仰，以提神醒脑，开喉顺气。（图5–61）

3. 上动作练习6次后，放平两膝盘坐；两手按于两膝，调息片刻。（图5–62）

图5–61

图5–62

十二 灵龟出水

【练法】

1. 坐下，两小腿交叉；两臂交叉下伸，以两手握扳两脚十趾。（图5–63）

图5–63

2. 两肩上耸，腰腹挺起，身体向左、右摆动。（图5-64、图5-65）

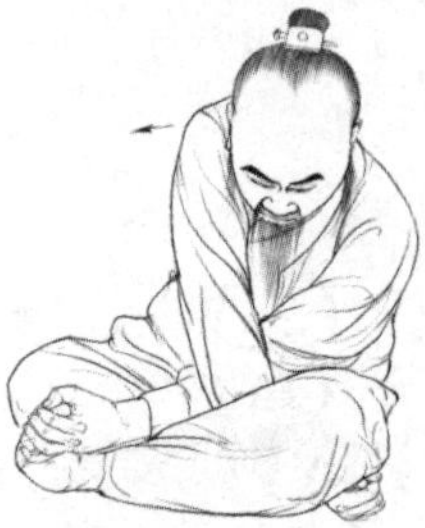

图5-64

图5-65

3. 上动作练习6次后，正身盘坐，两手按膝；调息片刻。（图5-66、图5-67）

图5-66

图5-67

十三

玄武戏水

【练法】

1. 坐下，右腿盘屈，右手按于右膝；左腿前伸，左手攀住左前脚掌。（图5–68）

2. 左手攀住左脚，手脚相互争力，使左腿向左上方直膝举起。（图5–69）

图5–68

图5–69

3. 保持攀脚姿势，头向左、右两侧扭转。（图5–70、图5–71）

图5–70

图5–71

4. 放下左腿，恢复盘坐。（图5-72）

5. 接着，练习右手攀右脚，动作相同，唯方向相反。（图5-73至图5-77）

图5-72

图5-73

图5-74

图5-75

图5-76

图5-77

6. 右腿盘屈，左腿前伸；左掌按于左大腿；右手前伸，攀住左脚，用力拉动；头向右扭转。（图5-78）

7. 收左腿，伸右腿，左手攀。（图5-79）

8. 上两动作左右交替练习6次后，两腿前伸，两手按腿，放松全身。（图5-80）

图5-78

图5-79

图5-80

十四 青龙竖尾

【练法】

1. 坐下，两腿向前伸开，身向后仰；两手撑在身侧，指尖向前，手腕在后。（图5-81）

2. 左脚撑劲，腹部挺起；右腿抬起，向前蹬伸而出。（图5-82、图5-83）

图5-81

图5-82

图5-83

3. 上动作练习6次后，换做左腿蹬伸，动作相同，唯方向相反。（图5-84、图5-85）

图5-84

图5-85

十五

蝴蝶扑地

【练法】

1. 仰卧，右腿伸直，左腿屈膝，将左脚跟放在右大腿上；同时，右掌按于小腹，左掌按在左膝内侧。（图5-86）

2. 左膝用力下压，使膝触地，连做6次。（图5-87）

图5-86

图5-87

3. 上动作连做6次后，换成左腿伸直，右腿屈膝，动作相同，唯方向相反。（图5-88至图5-90）

图5-88

图5-89

图5-90

十六 蝙蝠勾压

【练法】

1. 仰卧，两手撑地；左腿盘屈；右脚跟盘靠左膝。（图5-91）

2. 右脚用力向右勾压，使左膝内侧触地。（图5-92）

图5-91

图5-92

3. 上动作练习6次后，换成左脚勾压右膝，动作相同，唯方向相反。（图5-93、图5-94）

图5-93

图5-94

十七

顾盼抻筋

【练法】

1. 坐地或坐床，右腿盘屈在内，右手按住右膝；左脚在前，左膝稍屈，左手攀住左脚踝。（图5-95）

2. 左腿向前伸膝，左手向内攀拉左脚踝，使脚与手相互争力；同时，头颈向右扭转。（图5-96）

图5-95

图5-96

3. 然后，换练右腿，动作相同，唯方向相反。（图5-97、图5-98）

图5-97

图5-98

十八

双扳伸腿

【练法】

1. 坐下，两腿屈膝分开，两脚跟相触；两手握住两前脚掌。（图5-99）

2. 两腿向上举起，两膝伸开；两手扳住两脚助力，头向后仰。（图5-100）

图5-99

图5-100

3. 放下两腿，再行举腿。反复练习6次，恢复起势。（图5–101）

图5–101

十九

叉托伸腿

【练法】

1. 坐下，两腿向前伸直；两手交叉，托住左腿腘窝。（图5–102）

2. 上身后仰，两手上托，将左腿直举而起，使脚心向上。（图5–103）

图5–102

图5–103

3. 放下左腿，换练右腿，动作相同，唯方向相反。（图5–104至图5–107）

左右交替，各做6次。

图5–104

图5–105

图5–106

图5–107

二十

攀足昂首

【练法】

1. 坐下，两腿向前伸直，脚尖斜向上；两手按于两大腿上，指尖相对。（图5–108）

2. 上身前屈，两手攀住两前脚掌，头部前探。（图5–109）

图5-108

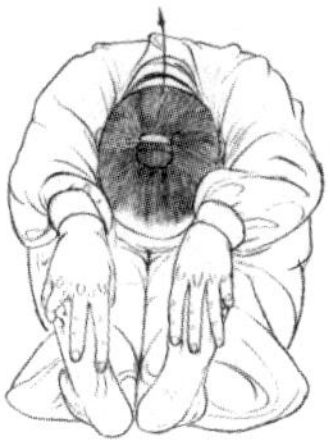

图5-109

3. 抬头挺胸，两手攀住两脚掌向后拉劲，两腿向前抻劲，相互争力，保持一会。放松再练习，反复6次。（图5-110）

图5-110